Ruth Cremerius
Aussprache und Schrift des Chinesischen

Einführungen in fremde Schriften

Arabisch-persisch

Armenisch

Bengālī

Chinesisch

Devanāgarī

Donauschrift

Georgisch

Griechisch

Gujarātī

Gurmukhī

Hebräisch

Hieroglyphen

Mongolisch

Oṛiā

Tibetisch

BUSKE

Ruth Cremerius

Aussprache und Schrift des Chinesischen

Eine Einführung

BUSKE

Auf der beigefügten CD sind die Übungen zur Aussprache aus Kapitel 3 zu hören.
Sprecher: Xiaoyong Chen und Dongdong Liu.

Bibliografische Information der Deutschen Nationalbibliothek

Die Deutsche Nationalbibliothek verzeichnet diese Publikation in der Deutschen Nationalbibliografie; detaillierte bibliografische Daten sind im Internet über <http://dnb.d-nb.de> abrufbar.
ISBN 978-3-87548-426-7

 Umschlag: QART – Büro für Gestaltung, Hamburg. Druck und Bindung: freiburger graphische betriebe, Freiburg im Breisgau. Papier: alterungsbeständig nach ANSI-Norm resp. DIN-ISO 9706, hergestellt aus 100% chlorfrei gebleichtem Zellstoff. Printed in Germany. *www.buske.de*

Inhalt

Vorwort

Seit Beginn der Reform- und Öffnungspolitik in der Volksrepublik China ist das Interesse an Land und Leuten stetig, nach der Jahrtausendwende sogar sprunghaft gestiegen – und damit auch das Interesse, Chinesisch zu lernen. Dieser wachsenden Nachfrage begegnet inzwischen ein vielfältiges Angebot von Chinesisch-Kursen und -Lehrmaterialien, welche die unterschiedlichen Lernziele von Schülern, Studierenden, Touristen oder Geschäftsleuten berücksichtigen. Gleichzeitig aber haben sich die Rahmenbedingungen des Unterrichts grundlegend geändert. Zeit ist ein knappes Gut geworden, in der Ausbildung wie im Beruf.

Die meisten Chinesisch-Lernenden wollen oder müssen heute möglichst rasch und mit möglichst wenig Zeitaufwand befähigt werden, mündlich und schriftlich zu kommunizieren. Vierwöchige Einführungsphasen mit reinen Aussprache- und Schreibübungen, wie sie noch vor 20, 30 Jahren zumindest in universitären Chinesisch-Kursen üblich waren, sind heute nicht mehr möglich, pädagogisch und didaktisch sicher auch nicht mehr sinnvoll. Das Unterrichtsziel in Grundkursen ist vielmehr, die Lernenden von der ersten Stunde an sprechen und schreiben zu lassen. Eine Vermittlung von Lautlehre und Schriftgeschichte muss notgedrungen nebenher erfolgen.

Diese knapp gefasste Einführung in die chinesische Aussprache und Schrift soll Lernenden Begleitmaterial zum Unterricht in der Anfangsphase bieten. Die Anlage des Buches macht einige Wiederholungen unumgänglich.

Im ersten Abschnitt werden allgemeine Charakteristika der chinesischen Sprache und Schrift genannt, die für diese Einführung von Bedeutung sind. Besonderheiten, die die Lexik oder Grammatik betreffen, werden hier außer Acht gelassen.

Der zweite Abschnitt behandelt das heute gesprochene Chinesisch und die Struktur der Umschrift *Hànyǔ Pīnyīn* (im Folgenden: Pinyin), die in diesem Buch zur Transkription verwendet wird. Der Übungsteil im dritten Abschnitt mit Begleit-CD führt systematisch in den Lautbestand ein. Im vierten Abschnitt findet sich ein Überblick über die Entwicklung der chinesischen Schriftzeichen bis zur Schriftreform in den 1950er Jahren in der VR China. Der folgende Übungsteil bietet eine Übersicht über die Grundstriche, aus denen sich Schriftzeichen zusammensetzen, deren Schreibrichtung und Abfolge sowie Regeln zum Aufbau einfacher und komplexerer Schriftzeichen. Der Übungsteil kann kein Arbeitsbuch oder Zeichenlexikon ersetzen, welches die Strichfolge von einigen hundert häufig gebrauchten Schriftzeichen bietet. Hier sei auf Publikationen wie das *Praktische Schreibübungsbuch Chinesisch* von Thomas Klimaschewski oder das *Moderne chinesische Schrift- und Zeichenlexikon* aus dem Buske Verlag verwiesen. Vielmehr soll hier ein allgemeines Verständnis für die Sturktur chinesischer Schriftzeichen vermittelt werden, für die Regeln und Konventionen des Schreibens.

Im Anhang finden sich Radikaltabellen und eine Liste des Silbenbestands, dazu ein Glossar chinesischer Fachtermini. Diese werden im Text in Umschrift mit Tonzeichen wiedergegeben, ebenso Personennamen und Buchtitel, da die Einführung für Lernende in der Anfangsphase konzipiert ist. In der sinologischen und chinawissenschaftlichen Fachliteratur ist das allerdings unüblich, wenn es nicht um linguistische Themen geht.

In die Ausspracheübungen sind Unterrichtsmaterialien meines verehrten Lehrers Chao Jung-lang eingegangen, deren Veröffentlichung er jahrelang geplant hatte, doch aus Zeitgründen nicht verwirklichen konnte. Die Materialien habe ich überarbeitet, ergänzt und mit Erläuterungen versehen.

Für Rat und Tat zu danken habe ich in der Abteilung für Sprache und Kultur Chinas der Universität Hamburg Michael Friedrich, Sarah Kirchberger, Shaofeng Ni, Hans Stumpfeldt, Kai Vogelsang und Karin Weischenberg, für die Aufnahmen Xiaoyong Chen und Dongdong Liu. Mein besonderer Dank gilt Axel Kopido vom Buske Verlag, der das Entstehen dieser Einführung kompetent und mit unendlicher Geduld begleitet hat.

Hamburg, im März 2012 Ruth Cremerius

I Sprache und Schrift

Versuche von abendländischen Philosophen und Sprachwissenschaftlern, die chinesische Sprache und Schrift zu beschreiben, haben in den vergangenen Jahrhunderten zu zahlreichen Missverständnissen, gar zur Mythenbildung geführt. Nicht wenige von diesen Mythen prägen bis heute die Wahrnehmung. Die Langlebigkeit vieler Legenden rührt daher, dass häufig nicht zwischen diachroner und synchroner Betrachtung unterschieden wurde. Für sprachwissenschaftliche Untersuchungen ist es jedoch von großer Bedeutung, ob einzelne Aspekte auf einer oder auf unterschiedlichen Entwicklungsstufen untersucht werden.

Bei allgemeinen Aussagen über „die" chinesische Sprache und Schrift sollte bedacht werden, dass ihre ältesten Schriftzeugnisse über 3000 Jahre alt sind. Seither haben sich Sprache und Schrift immer wieder gravierend geändert. Aussagen über das heutige Chinesisch treffen nicht unbedingt auf das Chinesisch zu Zeiten des Konfuzius im 6. bis 5. Jahrhundert v. Chr. zu, auch nicht auf das Chinesisch zu Zeiten des großen Tang-Dichters Li Bai im 8. Jahrhundert – und vice versa. Nur für das Mittelchinesische im 1. Jahrtausend n. Chr. sind die Lautungen bislang weitgehend rekonstruiert worden. Wie die Menschen im alten China gesprochen haben, wissen wir nicht. Unterschiedliche Forschungsansätze bei der Rekonstruktion führen zu unterschiedlichen Ergebnissen.

Die einzelnen Perioden des Chinesischen werden in der Regel nach zwei Ansätzen unterschieden. Sprachwissenschaftler nehmen folgende Unterteilung der gesprochenen Sprache vor:

1. Altchinesisch (etwa 1. Jahrtausend v. Chr.)
2. Mittelchinesisch (etwa 1. Jahrtausend n. Chr.)
3. Neuchinesisch (etwa 2. Jahrtausend n. Chr.)
4. (Neu-)Hochchinesisch oder Modernes Chinesisch (etwa seit Ende des 19. Jahrhunderts)

Daneben wird eine andere, ältere Periodisierung verwendet, die auf literaturwissenschaftlichen Konventionen beruht, welche mit Blick auf geschriebene Texte entstanden:

1. Vorklassisches oder Archaisches Chinesisch (1. Hälfte des 1. Jahrtausends v. Chr.)
2. Klassisches Chinesisch oder Antikchinesisch (5. bis 3. Jahrhundert v. Chr.)
3. Literarisches Chinesisch oder Schriftsprache mit zahlreichen Ausprägungen (3. Jahrhundert v. Chr. bis Ende 19. Jahrhundert)
4. Hochchinesisch oder Modernes Chinesisch (etwa seit Ende des 19. Jahrhunderts)

Diese Periodisierungen sollte man bei Beschreibungen der Charakteristika der chinesischen Sprache heranziehen, die beiden Ansätze aber nicht miteinander vermischen.
Die große Mehrheit der Chinesisch-Sprecher lebt in der Volksrepublik China, einem Vielvölkerstaat mit entsprechend vielen Sprachen, Regionalsprachen (Regiolekten) und Dialekten. Was heute als Chinesisch bezeichnet wird, ist die Standardsprache Hochchinesisch, die auf Sprachformen des Pekinger Dialekts basiert. Sie unterscheidet sich mehr oder weniger ausgeprägt von dem Chinesisch, das auf Taiwan, in Hongkong, Macau, Singapur oder chinesischsprachigen Gemeinschaften in Südostasien gesprochen und geschrieben wird.
Chinesisch gehört zur sino-tibetischen Sprachfamilie, ist mit dem Tibetischen und anderen kleineren Sprachen verwandt. Sprachtypologisch wird Chinesisch häufig als isolierende Sprache bezeichnet. Von isolierenden Sprachen spricht man, wenn die Wörter unveränderlich sind, d.h. keine Modifikation morphologischer Art vorkommt. Das würde allerdings die Verwendung von Präfixen, Suffixen etc. ausschließen. Tatsächlich finden sich morphologische Elemente in allen Phasen des Chinesischen, im Altchinesischen im 1. Jahrtausend v. Chr. über die späteren Sprachstufen bis zum heutigen Chinesisch. Daher ist der Begriff isolierend hier nur mit Einschränkungen brauchbar.
Das heutige Chinesisch ist eine tonale Sprache. Das heißt, jede Silbe trägt in der Regel einen Ton. Eine Veränderung des Tons verändert in der Regel auch die Bedeutung des Morphems, der kleinsten bedeutungstragenden sprachlichen Einheit, für das die Silbe steht.
Die häufig zu lesende Behauptung, die chinesische Sprache sei monosyllabisch, eine Silbe entspräche also jeweils einem Wort, ist schon lange widerlegt. Bereits in den Texten des Klassischen Chinesisch finden sich durchaus zweisilbige Wörter.

Besonders viele Mythen ranken sich um die chinesische Schrift. Schriftzeichen sind keine „Bilder" oder „gemalten Wörter" oder „Begriffe". Jedes Schriftzeichen steht für eine bedeutungstragende Silbe. Es entspricht nicht einem „Wort", sondern einem Morphem, das eine Bedeutung, aber auch eine rein grammatische Funktion haben kann. Bereits im 13. Jahrhundert v. Chr. existierte ein voll ausgebildetes Schriftsystem. Die äußere Form der Schriftzeichen änderte sich mehrmals, vor allem durch große Schriftreformen. Ihre heutige Form fanden die Schriftzeichen um 250 n. Chr., als die Entwicklung einer neuen Standardschrift (*kǎishū*) abgeschlossen war. Daneben existierten jedoch weiter regionale, auch persönliche Schreibstile und Zeichenformen, ebenso Zierschriften. Das gilt besonders für die Kalligraphie, die von Gelehrten zur Kunstform erhoben wurde und bis heute große Bedeutung im chinesischen Kulturraum hat. Die letzte große Schriftreform fand in den 1950er Jahren in der Volksrepublik China statt, als für häufig gebrauchte Schriftzeichen Vereinfachungen eingeführt wurden. Auf Taiwan und in Hongkong, auch von vielen Überseechinesen werden hingegen weiter die traditionellen Formen verwendet.

Neue Herausforderungen bot die chinesische Schrift beim Aufkommen der elektronischen Datenerfassung. Die universelle 16-Bit-Codierung, kurz Unicode, ermöglicht die digitale Darstellung der in China, Japan und Korea verwendeten Schriftzeichen. Unicode bietet noch nicht die Gesamtheit der mehr als 50 000 Schriftzeichen, die von chinesischen Wörterbüchern erfasst werden, doch das ist vermutlich nur eine Frage der Zeit. Bis dahin helfen Spezialprogramme und Sonderfonts, solche Schriftzeichen, die für die Arbeit von Philologen und Altertumsforschern wichtig sind, elektronisch abzubilden.

Neben den politischen, ökonomischen und gesellschaftlichen Umbrüchen der letzten Jahrzehnte in der Volksrepublik China wirken auch die elektronischen Medien auf die Sprache und – wenn auch weniger ausgeprägt – auf die Schrift ein und beschleunigen ihren Wandel zusätzlich. Gleichzeitig haben sie inner- wie außerhalb der chinesischsprachigen Länder zu der Diskussion geführt, ob man im Computerzeitalter den Schriftzeichenerwerb nicht deutlich reduzieren solle, gar auf das handschriftliche Schreiben ganz verzichten könne. Genüge nicht eine passive Lesefähigkeit für computergestütztes Schreiben? Die Vorgaben des Gemeinsamen Europäischen Referenzrahmens für Sprachen wie auch die neue Version der Standardprüfung der chinesischen Sprache (*Hànyǔ Shuǐpíng Kǎoshì*) deuten darauf hin, dass die

Schriftzeichenvermittlung künftig eine geringere Rolle in den Lehrplänen von Schulen und Hochschulen spielen wird als bisher.
Gegenläufig zu den sich abzeichnenden Entwicklungen im Fach Chinesisch als Fremdsprache beklagen in der Volksrepublik China viele Bildungsforscher seit Jahren, dass selbst Studierende kaum noch in der Lage seien, handschriftlich korrekte Schriftzeichen aufs Papier zu bringen. Kürzlich wurde dort das Schreiben mit dem Pinsel in das Curriculum für Grundschulen aufgenommen. Das zeigt, welch hohen Stellenwert Kulturtechniken, die manchen Menschen bereits als veraltet gelten, heute noch in der chinesischen Gesellschaft haben.

2 Einführung in die Aussprache

2.1 Einleitende Bemerkungen zur chinesischen Sprache

Für die chinesische Sprache, wie sie heute innerhalb und außerhalb des chinesischen Sprachraums gesprochen und unterrichtet wird, gibt es unterschiedliche Bezeichnungen. „Modernes Chinesisch" dient als Abgrenzung zum Klassischen und Literarischen Chinesisch.
„Hochchinesisch" bezieht sich auf die in Aussprache und Schreibung festgelegte Hochsprache, im Gegensatz zu den Regionalsprachen und Dialekten. In diesem Sinn wird auch der chinesische Begriff *pǔtōnghuà* verwendet, der eigentlich „allgemein verbreitete Sprache" bedeutet und meist mit „Standardsprache" übersetzt wird. „Mandarin" wird vorwiegend im englischsprachigen Raum für die heutige chinesische Sprache gebraucht.
Dieser letzte Begriff weist auf den Ursprung des Hochchinesischen hin. Mandarin war zunächst ein portugiesisches Lehnwort (aus dem Sanskrit: mantrin) für hohe Beamte in den indischen Kolonien, danach die europäische Bezeichnung für einen hohen Beamten des chinesischen Kaiserreichs. Später wurde die Bezeichnung auch für die von diesen Beamten gesprochene Sprache verwendet. Eine eigene Sprache für die Bürokratie? Tatsächlich hatte es schriftlich keine Verständigungsprobleme unter den Beamten gegeben, diente doch Jahrhunderte lang das Literarische Chinesisch mit all seinen Zwischenformen als einheitliches Medium der Verständigung. Im persönlichen Verkehr aber erschwerten die unterschiedlichen Regionalsprachen die Kommunikation oder machten sie gar unmöglich. So begann sich seit dem 13. Jahrhundert, nachdem Peking erstmals Hauptstadt des Kaiserreichs geworden war, die dort gesprochene Variante der nordchinesischen Regionalsprache als Mittel der mündlichen Verständigung in der Beamtenschicht durchzusetzen. Sie wurde *guānhuà*, Beamtensprache, genannt.
Nachdem das Kaiserreich 1911 untergegangen war, sah es die Regierung der neu gegründeten Republik China als eine der drängendsten Aufgaben an, eine offizielle Landessprache zu schaffen. Vertreter aus dem Norden forderten, die Beamtensprache des Kaiserreichs, die auf

den Lautungen des im Großraum Peking gesprochenen Chinesisch basierte, zur Nationalsprache, *guóyǔ*, zu erheben. Vertreter aus dem Süden argumentierten, das im Großraum Peking gesprochene Chinesisch sei unter dem Einfluss der Fremdvölker, die in China geherrscht hatten, verdorben. Als Nationalsprache komme nur eine der Regionalsprachen des Südens in Frage, welche den historischen Lautbestand besser bewahrt hätten. Am Ende setzte sich die Fraktion aus dem Norden durch. Die Nationalversammlung erklärte die Beamtensprache zur Nationalsprache. Nach Gründung der Volksrepublik China bekräftigte die neue Regierung 1955, dass „die Pekinger Aussprache als Norm und der Peking-Dialekt als grundlegender Dialekt" für die gemeinsame Sprache des chinesischen Volkes zu gelten habe. Diese Sprache wird in der Volksrepublik China als *Hànyǔ*, Sprache der Han-Chinesen, bezeichnet. Auf Taiwan hingegen gilt offiziell der Begriff *Huáyǔ*, chinesische Sprache.

Durch Schulen, Rundfunk- und später Fernsehsender verbreitet, setzte sich die hochchinesische Sprache im Lauf des letzten Jahrhunderts durch. Hochchinesisch versteht jeder Chinese in der Volksrepublik China, auf Taiwan und in Hongkong. Die großen Regionalsprachen sind jedoch nicht untergegangen. Sie färben heute noch die Aussprache vieler Chinesen, sind im Alltag bestimmend, werden von regionalen Rundfunk- und Fernsehsendern gepflegt – und beeinflussen sogar in phonetischer Hinsicht das heutige Hochchinesisch. So ist seit den fünfziger Jahren in den Büchern und Printmedien der Volksrepublik China ein langsamer Rückgang der mit dem nicht syllabischen Suffix *-r* versehenen Wörter zu beobachten.

Ein Grund für diese Entwicklung ist, dass die südchinesischen Regionalsprachen dieses Suffix nicht kennen. Südchinesen vermeiden darum in der Regel auf *-r* auslautende Wörter, wenn sie Hochchinesisch sprechen. Seit die südchinesischen Küstenstädte Anfang der 1980er Jahre Motor der Wirtschaftsentwicklung wurden, gelten sie als tonangebend für den modernen Lebensstil. Immer mehr Wörter aus den südchinesischen Regionalsprachen, vor allem aus dem Kantonesischen, gehen in die Alltags- und Hochsprache ein. Auch der Einfluss von Hongkong und Taiwan macht sich hier bemerkbar. Im Gegenzug tritt das Suffix *-r* zurück. Manche Südchinesen halten es heute bereits für eine Dialektvariante, die nur in Peking verbreitet sei.

2.2 Die Umschrift Pinyin

Die korrekte Artikulation von chinesischen Lauten gilt wohl nicht zu Unrecht als erste und größte Hürde beim Erlernen der chinesischen Sprache. Der Bestand von etwa 400 Silben ist, etwa im Vergleich zu dem der deutschen Sprache, sehr gering. Viele dieser Silben klingen ähnlich und sind beim Aussprechen oder Hören für den Anfänger schwer zu unterscheiden. Zudem muss jede Silbe in einer bestimmten Tonhöhe gesprochen werden, die als lexikalischer Ton zum Wort gehört. Ein falsch gesprochener Ton ändert daher gleich die Bedeutung. Neben der Lautarmut und Tonalität der chinesischen Sprache gibt es ein weiteres Charakteristikum, das dem Anfänger den Einstieg erschwert. Die überwiegende Mehrzahl der Wörter ist ein- oder zweisilbig, was bei fehlerhafter Aussprache die Zahl der denkbaren und vorkommenden Missverständnisse potenziert.
Weiter müssen sich die Lerner mit einer phonetischen Umschrift vertraut machen, die auf lateinischen Buchstaben basiert. Mit Hilfe dieser Umschrift werden die chinesischen Schriftzeichen, die jeweils eine Silbe repräsentieren, in die lateinische Schrift übertragen, also transliteriert. Zunächst müssen sich die Lerner einprägen, welche Buchstabenkombination welche Silbe und welchen Laut repräsentieren und wie man diese möglichst lautgetreu wiedergibt. Einige Uneinheitlichkeiten in der Pinyin-Umschrift, etwa die Schreibung unterschiedlicher Laute mit demselben Buchstaben, können dem Anfänger vielleicht zunächst Schwierigkeiten bereiten, die mit fortschreitender Übung aber rasch überwunden werden.
Nachfolgend wird zunächst die Umschrift vorgestellt, auf der heute alle Lehrbücher des Hochchinesichen basieren, die im deutschsprachigen Raum veröffentlicht werden. In den folgenden Abschnitten werden die Grundregeln anhand des Aufbaus chinesischer Silben systematisch vorgestellt. Am Ende dieses Kapitels folgen Hinweise zum Übungsteil im dritten Kapitel, die das Wiedergeben der chinesischen Laute erleichtern sollen. Neben Aussprachehilfen wird jeweils an Besonderheiten der Umschrift und an Unterschiede zwischen Schreibung und Lautung erinnert.

2.2.1 Entstehung und Verbreitung

Von den zahlreichen Umschriften zur phonetischen Wiedergabe des Chinesischen, die in den letzten Jahrhunderten entwickelt wurden, sind heute nur noch wenige in Gebrauch. Die verbreitetste Umschrift ist die mit lateinischen Buchstaben geschriebene Umschrift *Hànyǔ Pīnyīn* (lateinische Umschrift des Chinesichen), kurz Pinyin, die nach Gründung der Volksrepublik China entwickelt wurde. Nachdem eine Forschungskommission in den fünfziger Jahren verschiedene Lautschriftsysteme, die auf kyrillischen Buchstaben, auf einer Mischform von lateinischen und kyrillischen Buchstaben oder auf Formen, die aus chinesischen Schriftzeichen abgeleitet waren, geprüft und verworfen hatte, legte sie einen Lautschriftentwurf vor, der auf lateinischen Buchstaben basiert, „da das lateinische Alphabet die verbreitetste Schrift in der Welt" sei. Dieser Entwurf wurde am 11. Februar 1958 vom Nationalen Volkskongress angenommen und ging bereits am 13. März desselben Jahres durch eine Anweisung des Erziehungsministeriums in das schulische Curriculum ein. Die neue Umschrift sollte zunächst in Grundschul- und Kinderbüchern verwendet werden, in Lehrbüchern für Analphabeten, bei der phonetischen Wiedergabe von Regionalsprachen und den Sprachen ethnischer Minderheiten in China. Sie sollte zudem Ausländern das Erlernen der chinesischen Sprache erleichtern und auch der alphabetischen Gliederung von Namensverzeichnissen, Lexika, Telefonbüchern usw. dienen.

Parallel zur Entwicklung einer neuen Umschrift wurde in den 1950er Jahren eine Schriftreform vorbereitet. Sie bestand einerseits in der Vereinfachung von Schriftzeichen durch Reduzierung der Einzelstriche und andererseits in der Reduzierung der Schriftzeichen insgesamt, indem Varianten eines Schriftzeichens als ungültig bezeichnet wurden (vgl. hierzu Abschnitt **4.5**). Das damals formulierte Ziel war, die Schriftzeichen, die einen ungleich höheren Lernaufwand erfordern als etwa eine Buchstabenschrift, schrittweise abzuschaffen und durch eine Umschrift zu ersetzen. Dieser Gedanke war nicht neu. Seit Ende des 19. Jahrhunderts hatten einzelne Gelehrte im Kaiserreich und in der Republik China vergleichbare Pläne entwickelt, doch alle scheiterten – wie später die Reformer in der Volksrepublik China – an dem schmalen Silbenbestand des Hochchinesischen.

Auch wenn Pinyin längst nicht mehr als ein möglicher Ersatz für die auf Schriftzeichen basierende Schrift gilt, hat sich die Umschrift doch seit den 1960er Jahren national und seit den 1980er Jahren auch international durchgesetzt. In der Volksrepublik China lernen die Schulkinder im ersten Jahr zunächst die lateinischen Buchstaben, mit deren Hilfe sie chinesische Silben und Wörter wiedergeben, bevor sie ins Schreiben der Schriftzeichen eingeführt werden. Nicht nur in zweisprachigen, auch in einsprachigen Wörterbüchern des Hochchinesischen wie dem *Xiàndài Hànyǔ cídiǎn*, das dem deutschen *Duden* vergleichbar ist, sind die Einträge im Hauptteil nach Pinyin geordnet. Selbst auf Taiwan, wo die Sprach- und Schriftreformen der Volksrepublik China Jahrzehnte lang als Verrat an der chinesischen Kultur verdammt wurden, gilt seit dem 1. Januar 2009 die Umschrift Pinyin als offizielles Transkriptionssystem.

Beim Schreiben von Schriftzeichen in einer SMS wird Pinyin verwendet. Ebenso beruht eine Eingabemethode beim Schreiben von Schriftzeichen mit dem Computer auf dieser Umschrift. Die Produkte einiger Unternehmen der VR China sind westlichen Konsumenten unter Markennamen in Pinyin-Schreibung vertraut geworden. Am bekanntesten sind wohl die Kühlschränke des Unternehmens „Haier" und die Biermarke „Qingdao".

In westlichen Publikationen über China, die sich mit dem 20. und 21. Jahrhundert beschäftigen, wird heute fast ausnahmslos Pinyin verwendet. Nur in wissenschaftlichen Studien über das traditionelle China und in Lehrbüchern zum Klassischen Chinesisch finden sich noch andere Umschriftsysteme, vor allem die nach ihren Urhebern benannte Umschrift Wade-Giles. Diese Transkription wurde in der zweiten Hälfte des 19. Jahrhunderts in Großbritannien entwickelt und ist in vereinfachter Form heute noch in Gebrauch.

Die westlichen Medien verwenden seit den 1980er Jahren Pinyin für die Wiedergabe von Begriffen, Personen- und Ortsnamen der Volksrepublik China, allerdings ohne Tonzeichen. Nur bei Namen, die zuvor in anderer Schreibweise bekannt wurden (etwa Sun Yat-sen, Peking, Tsingtau), wird in der Regel auf eine Angleichung (Sun Yixian, Beijing, Qingdao) verzichtet. Seit der *Duden* unter dem Eintrag Mao Tse-tung (nach der Umschrift Wade-Giles) anführt: „in neuerer Umschrift Mao Zedong", wird in der deutschen Presse immer häufiger diese Pinyin-Schreibung gebraucht.

2.2.2 Die Struktur der Umschrift Pinyin

Die Umschrift Pinyin besteht aus 26 lateinischen Buchstaben. Der Buchstabe *v* findet allerdings nur bei der Transkription von Fremdwörtern, bei der phonetischen Wiedergabe der Sprachen von ethnischen Minderheiten der Volksrepublik China oder chinesischen Regionalsprachen Verwendung.

Tabelle 1

Die 26 lateinischen Buchstaben der Lautschrift Pinyin					
Großschreibung	**Kleinschreibung**	**Benennung**	**Großschreibung**	**Kleinschreibung**	**Benennung**
A	a	a	N	n	nê
B	b	bê	O	o	o
C	c	cê	P	p	pê
D	d	dê	Q	q	qiu
E	e	e	R	r	ar
F	f	êf	S	s	ês
G	g	gê	T	t	tê
H	h	ha	U	u	u
I	i	i	V	v	vê
J	j	jiê	W	w	wa
K	k	kê	X	x	xi
L	l	êl	Y	y	ya
M	m	êm	Z	z	zê

(Tabelle aus Liu, Guanghui: *Hanyu putonghua yuyin jiaocheng*, S. 12)

Wie hier zu sehen ist, gibt es in der Umschrift Pinyin Groß- und Kleinschreibung. Weiter zeigt die Tabelle, dass die Benennung dieser Buchstaben im Hochchinesischen in mehreren Fällen nicht der Aussprache im Deutschen oder in anderen Sprachen, die ein lateinisches Alphabet verwenden, entspricht.

Mit diesen 25 Buchstaben (das *v* entfällt ja bei der phonetischen Wiedergabe des Hochchinesischen in der Pinyin-Umschrift) werden etwa 400 Silben geschrieben. Eine Liste des Silbenbestands findet sich am Ende des Buches. Leicht unterschiedliche Angaben zur Gesamtzahl der Silben des Hochchinesischen erklären sich dadurch, dass regionalsprachliche Pinyin-Schreibungen bei der Zählung mehr oder weniger berücksichtigt werden.

Eine Pinyin-Silbe entspricht jeweils einem Schriftzeichen. Da aufgrund des Sprachwandels und der vergleichsweise geringen Zahl von Silben im Hochchinesischen sehr viele Wörter, die früher noch unterschiedlich klangen, heute gleich gesprochen werden, weiß man bei einzelnen Silben in Umschrift nicht, was sie bedeuten. Das gilt häufig auch für einzelne Wörter, da die überwiegende Mehrzahl nur einoder zweisilbig ist. Viele Wörter klingen also gleich, sie sind homophon.

Eine Silbe setzt sich aus drei Elementen zusammen: Anlaut, Auslaut und Ton. Alle Anlaute sind Konsonanten. Ein Konsonant allein kann in der Regel keine Silbe bilden. Manche Auslaute hingegen treten ohne einleitenden Konsonanten auf. Es gibt 21 Anlaute (s. Tabelle 2, folgende Seite).

Tabelle 2

Die 21 Anlaute des Chinesischen				
mit beiden Lippen gebildet (Labial)	b	p	m	
mit den oberen Zähnen und der Unterlippe gebildet (Frikativ)	f			
mit der Zungenspitze am oberen Zahndamm gebildet (Dentalveolar)	z	c	s	
mit der Zungenspitze am oberen Zahnfleisch gebildet (Alveolar)	d	t	n	l
vorn im Mund gebildeter Gaumenlaut (Retroflex)	zh	ch	sh	r
Mit der Zungenspitze am harten Gaumen gebildeter Laut (Palatal)	j [ji / ju]	q [qi / qu	x [xi / xu]	
mit dem Gaumensegel / an der Zungenwurzel gebildet (Velar)	g	k	h	

(Tabelle nach Chao, Jung-lang; Sabban, Annette: *Chinesisch für Deutsche*, S. XV)

Die 39 Auslaute (s. Tabelle 3, folgende Seite) können aus einem Vokal (Monophthong), zwei Vokalen (Diphthong) oder drei Vokalen (Triphthong) bestehen. Manche Fachleute sprechen von einfachen und zusammengesetzten Vokalen, andere von Hauptvokalen, die von Halbvokalen ein- und ausgelautet werden können. Eine zweite Gruppe von Auslauten wird mit einem oder zwei Vokalen plus den Nasalen *-n* oder *-ng* gebildet. Verschlusslaute am Silbenende, wie sie etwa das Kantonesische kennt, gibt es nicht. Hochchinesisch ist also eine recht lautarme Sprache.

Tabelle 3

Die 39 Auslaute des Chinesischen				
einfache Vokale	-i [ʅ / ɿ]	i	u	ü
	a	ia	ua	
	o		uo	
	e			
	ê	ie		üe
	er			
zusammengesetzte Vokale	ai		uai	
	ei		uei	
	ao	iao		
	ou	iou		
nasale Endungen	an	ian	uan	üan
	en	in	uen	ün
	ang	iang	uang	
	eng	ing	ueng	
		iong	ong	

(Tabelle nach Chao, Jung-lang; Sabban, Annette: *Chinesisch für Deutsche*, S. XV)

In der ersten Zeile der Tabelle ist zu sehen, dass in der Pinyin-Umschrift mit dem Buchstaben *i* zwei unterschiedliche Auslaute bezeichnet werden. Das *i* repräsentiert einen Laut, der etwa dem deutschen *ie* entspricht. Der mit *-i* wiedergegebene Laut hingegen wird im Internationalen Phonetischen Alphabet (IPA) so gekennzeichnet: [ʅ]. Dieser Auslaut, der mit der Zunge und dem Gaumen gebildet wird, darf nicht wie der Vokal *i* gesprochen werden. Er findet sich nur in Verbindung mit den Anlauten *zh, ch, sh, r* sowie *z, c, s*. Zur Unterscheidung der beiden Auslaute, die beide mit *i* wiedergegeben werden, wird [ʅ] mit einem Bindestrich markiert: *-i*.

Mit den in Tabelle 2 und 3 aufgeführten 21 Anlauten und 39 Auslauten werden die Silben des Hochchinesischen in der Umschrift wiedergegeben. Rechnerisch ergibt das über 800 mögliche Silben. Tatsächlich können jedoch nicht alle An- und Auslaute miteinander kombiniert werden. Es sind insgesamt etwa 400.

Wie bereits erwähnt, kann der Anlaut als Silbenbestandteil entfallen. Das heißt, manche Silben bestehen nur aus einem oder zwei Vokalen, wie *a, ao, e, o, ou,* oder aus einem Vokal plus *-n* oder *-ng,* wie *an, ang, en.*

Die Schreibung der Vokale *i, u* oder *ü* unterliegt Sonderregeln, wenn sie allein eine Silbe bilden oder am Silbenanfang stehen.

Tabelle 4

Besonderheiten in der Schreibung der Vokale *i, u* und *ü*			
Laut	**Schreibung**	**Laut**	**Schreibung**
i	yi	u	wu
ia	ya	ua	wa
ie	ye	uo	wo
iao	yao	uai	wai
iou	you	uei	wei
ian	yan	uan	wan
in	yin	uen	wen
iang	yang	uang	wang
ing	ying	ueng	weng
iong	yong		
ü	yu	ü	lü, nü
üe	yue	üe	lüe, nüe
üan	yuan		
ün	yun		

Hier sind folgende Unterschiede zwischen Laut und Schreibung zu beachten. Wenn der Vokal *i* einen konsonantischen Anlaut hat, etwa in bi, pi, di, ti, so klingt er wie im deutschen Wort nie. Fehlt ein konsonantischer Anlaut, so tritt in der Pinyin-Schreibung der Buchstabe *y* vor das *i*: yi, yin, ying. Das *y* steht hier für einen Gleitlaut, der – abhängig von der regionalen Herkunft der Sprecher – mehr oder weniger deutlich anklingt, vergleichbar einem ganz leicht gesprochenen j vor dem Vokal *i*. Deutlicher ist der Gleitlaut in den Silben yin und ying zu hören. Bildet *i* mit weiteren Vokalen eine Silbe ohne konsonantischen Anlaut, so ersetzt der Buchstabe y in der Pinyin-Schreibung das i: Die Silbe *ia* wird in Pinyin mit ya wiedergegeben, die Silbe *ie* mit ye usf.

Die Ausssprache des Vokals *u* wird ebenfalls beeinflusst, wenn ein konsonantischer Anlaut fehlt. Dann tritt ein Gleitlaut vor das u, was in der Pinyin-Schreibung durch den Buchstaben *w* gekennzeichnet wird: wu. Bildet der Laut u mit weiteren Vokalen eine Silbe ohne konsonantischen Anlaut, vertritt in der Pinyin-Schreibung der Buchstabe *w* den Vokal *u*: Die Silbe *uan* wird wan geschrieben, *uen* mit wen, *uang* mit wang wiedergegeben usw. Der Buchstabe *w* darf hier also nicht wie der deutsche Konsonant ausgesprochen werden.

Der Laut *ü* wird in der Umschrift nur dann mit *ü* wiedergegeben, wenn der Anlaut ein *l* oder *n* ist: lü, nü, lüe, nüe. Das ist notwendig, um diese Silben in der Schreibung von den Silben nu und lu zu unterscheiden. In den Silben nüe und lüe bleibt das *ü* in der Schreibung erhalten, auch wenn die Formen „nue" und „lue" nicht existieren. Die Silben *ü* und *ün* hingegen werden in der Umschrift yu und yun geschrieben. Der Buchstabe *y* zeigt hier wieder einen Gleitlaut an.

Die Mehrzahl der Silben besitzt indes einen Konsonanten als Anlaut: ta, le, kao, dan, gang usw. Auch in dieser Gruppe gibt es Sonderfälle in der Schreibung. Wenn der Laut *ü* den Anlauten *j*, *q* und *x* folgt, so wird er *u* geschrieben: ju, qu, xu. Auch bei den Auslauten *iou*, *uei* und *uen* verändert sich die Schreibung, wenn ihnen ein Konsonant vorangeht. So wird der Laut *iou* mit *iu* wiedergegeben: liu, niu; *uei* mit *ui*: kui, gui; *uen* wird *un* geschrieben: lun, tun. In der obenstehenden Übersicht über die 39 Auslaute ist zu erkennen, dass der Auslaut *ong* phonetisch dem Vokal *u* zugeordnet ist. Silben wie long, tong, dong werden also l*u*ng, t*u*ng, d*u*ng ausgesprochen, und ebenso wird der Auslaut *iong*, dem kein Konsonant vorangehen kann, *iung* gesprochen und yong geschrieben, da der Buchstabe *y* hier für den Gleitlaut *i* steht.

Die Regeln der Pinyin-Schreibung erscheinen anfangs sehr kompliziert, doch man wird verhältnismäßig rasch mit ihnen vertraut, wenn man sich systematisch das Laut- und Silbeninventar des Hochchinesischen erarbeitet und übt, Gehörtes in Pinyin aufzuschreiben. In den Erläuterungen zum Übungsteil wird jeweils an solche Unterschiede zwischen Laut und Schreibung erinnert.
Neben den An- und Auslauten gehören die Tonzeichen als dritter Bestandteil zum Silbenaufbau. Hochchinesisch ist eine tonale Sprache. Das heißt, neben der Wort- und Satzintonation trägt zusätzlich jede einzelne Silbe einen Ton.
Das Hochchinesische kennt vier Töne. Auch hier sind die südchinesischen Regionalsprachen mit sechs und mehr Tönen lautlich viel differenzierter. Wer Chinesisch als Fremdsprache zu lernen beginnt, hat indes Mühe genug, sich die korrekte Wiedergabe dieser vier Töne anzueignen. Nicht alle Silben treten in allen vier Tönen auf. Das reduziert die mögliche Anzahl von über 1600 Silben auf etwa 1300.
Die vier Töne werden durchnummeriert und als erster, zweiter, dritter und vierter Ton bezeichnet. Der erste Ton, hoch und gleichbleibend gesprochen, wird mit einem Makron (Längestrich) angezeigt: pā, mā, fā. Das diakritische Zeichen für den zweiten, steigenden Ton ist der Akut, französisch *accent aigu*: pá, má, fá. Der dritte Ton, fallend und steigend, wird mit einem Tonzeichen wiedergegeben, das an einen umgedrehten Zirkumflex erinnert: mǎ, fǎ. Die Silbe pa existiert nicht im dritten Ton und wird darum in dieser Beispielreihe nicht aufgeführt. Das diakritische Zeichen für den vierten, fallenden Ton ist der Gravis, französisch *accent grave*: pà, mà, fà. Wenn in einer Silbe der Vokal *i* das Tonzeichen trägt, entfällt der i-Punkt in der Umschrift: tī, nín, yǐng, mìng.
Bei zusammengesetzten Vokalen trägt jeweils der Hauptvokal den Ton. Das ist der Vokal, der lautlich vorherrscht: pāo, máo, gǒu, diào. In der letzten Silbe leitet der Halbvokal *i* die Silbe ein, *a* ist der Hauptvokal und *o* der auslautende Vokal.
Manche Silben werden unbetont gesprochen. Sie werden auch als Silben im neutralen oder leichten Ton bezeichnet. In älteren Lehrbüchern sind sie manchmal mit einem eigenen Tonzeichen markiert (z.B. dė, lė). Ursprünglich besaß jede Silbe einen Ton. Grammatische Strukturwörter und Suffixe, die heute unbetont gesprochen werden, wurden noch in der Republikzeit, also in der ersten Hälfte des vergangenen Jahrhunderts, als tontragend betrachtet.

Tabelle 5 enthält einige Beispiele für den Aufbau von Silben mit Anlaut, Auslaut und Tonzeichen:

Tabelle 5

Silbenaufbau				
Silbe in Pinyin-Schreibung	**Anlaut (Konsonant)**	**Halbvokal / einleitender Vokal**	**Vokal bzw. Hauptvokal**	**Endvokal oder Endkonsonant**
ā			a	
ān			a	n
áng			a	ng
ào			a	o
tǎ	t		a	
tái	t		a	i
tàn	t		a	n
tāng	t		a	ng
guàng	g	u	a	ng
yǐ			i	
yīn			i	n
yǐng			i	ng
yà		i	a	
yè		i	e	
yōu		i	o	u
yòng		i	o [u]	ng

Silbenaufbau				
Silbe in Pinyin-Schreibung	**Anlaut (Konsonant)**	**Halbvokal / einleitender Vokal**	**Vokal bzw. Hauptvokal**	**Endvokal oder Endkonsonant**
zǐ	z		-i [ʅ]	
zhǐ	zh		-i [ʅ]	
wǔ			u	
wā		u	a	
wài		u	a	i
wēn		u	e	n
wáng		u	a	ng

In Tabelle 1, die die Buchstaben der Pinyin-Umschrift aufführt, sind alle Buchstaben in Groß- und Kleinschreibung aufgelistet. Anders als im Deutschen beschränkt sich die Großschreibung von Wörtern in Pinyin auf Eigennamen (Máo Zédōng, Běijīng) und auf das erste Wort eines Satzes. Dementsprechend werden die Bezeichnungen für Sprachen großgeschrieben (*Hànyǔ, Huáyǔ:* Chinesisch), das Substantiv *guóyǔ* (Landessprache) hingegen kleingeschrieben.

Im Unterschied zu einem Text in chinesischen Schriftzeichen ist ein Pinyin-Text, etwa in einem für Ausländer konzipierten Chinesischlehrbuch, in der Regel in Wörter untergliedert. (In den Lehrbüchern hingegen, die in der Volksrepublik China im Grundschulunterricht eingesetzt werden, sind die Pinyin-Texte meist in Einzelsilben wiedergegeben). Auf der Wortebene gilt die Regel, dass in mehrsilbigen Wörtern solche Silben, die keinen konsonantischen Anlaut haben und in der Wortmitte oder am Wortende stehen, durch ein Apostroph markiert werden, um Missverständnisse zu vermeiden. Das gilt für alle Silben, in denen der erste oder einzige Vokal ein *a*, *e* oder *o* ist. Das chinesische Wort fānàn etwa könnte, wenn man es ohne Schrift-

zeichen in Pinyin sieht, sowohl fā-nàn („sich erheben, losschlagen") gelesen werden als auch fān-àn („ein Urteil revidieren"). Die Apostrophregel legt hier eindeutig die Lesart fā-nàn fest. Erfolgt die Silbentrennung vor dem Vokal der zweiten Silbe, so wird diese mit einem Apostroph abgetrennt: fān'àn.
In deutschsprachigen Reiseführern wird der Name einer alten Kaiserstadt häufig mit Xian wiedergegeben. Korrekt heißt es Xi'an (mit diakritischen Zeichen Xī'ān), während die Schreibung „Xian" einen einsilbigen Ortsnamen suggeriert. Der Apostroph wird darüber hinaus auch eingesetzt, wenn in mehrsilbigen Wörtern ein Vokal am Silbenende von einem weiteren Vokal am Anfang der nächsten Silbe gefolgt wird. So lautet die Schreibung der deutschen Stadt Bonn in Pinyin „Bō'ēn" und nicht „Bōēn". Der in Abschnitt **2.2.1** genannte Haier-Konzern wird in Pinyin korrekt Hai'er geschrieben.
Ein letzter Hinweis noch auf die Schreibung der Provinz, in der die gerade erwähnte frühere Kaiserstadt Xi'an liegt. Die Provinz wird mit diakritischen Zeichen Shǎnxī geschrieben. Die Nachbarprovinz heißt Shānxī. Werden keine diakritischen Zeichen verwendet, so sind die beiden Namen in der Pinyin-Schreibung nicht voneinander zu unterscheiden. Darum wird die Provinz Shǎnxī in solchen Fällen mit einem verdoppelten a in der ersten Silbe geschrieben, zur Kennzeichnung des dritten Tons: Shaanxi.
Die in Pinyin-Texten verwendeten Satzzeichen entsprechen den in Deutschland gebräuchlichen. Zusätzlich gibt es ein nach links geneigtes Aufzählungskomma, das in manchen Lehrbüchern auch in Pinyin-Texten verwendet wird, in der Regel aber der Interpunktion von Schriftzeichentexten dient: Běijīng、Shànghǎi、Tiānjīn …
Die hier angeführten Regeln zur Pinyin-Schreibung werden häufig in leicht modifizierter Form eingesetzt. Daher finden sich auch in Lehr- und Wörterbüchern Varianten. So können die Tonzeichen etwa durch arabische Ziffern dargestellt werden: ma_1 zur Kennzeichnung des ersten Tons, ma_2 zur Kennzeichnung des zweiten und so fort.

2.3 Phonetik

2.3.1 Die vier Töne

Die Töne des Hochchinesischen bezeichnen jeweils die Tonhöhe, in der eine Silbe gesprochen wird, sowie das Heben und Senken der Stimme. Das Erlernen der vier Töne erfolgt in der Regel in drei Schritten: 1. Einüben der Töne auf der Silbenebene (das heißt anhand von einzelnen Silben), 2. Einüben der Töne auf der Ebene von Silbenkombinationen (am Beispiel von zweisilbigen Wörtern oder Sätzen wie Tā lái „Er kommt."), 3. Einüben der Töne auf der Satzebene (anhand von Zungenbrechern, kurzen und schließlich komplexeren Sätzen). Hier ist zu beachten, dass die Töne in einzelnen Silben anders klingen als in einem mehrsilbigen Wort oder Satz und dass sie in manchen Fällen ihre Tonhöhe ändern. Auf der Satzebene schließlich kommt zu den Tonhöhen der einzelnen Wörter noch die Intonation des ganzen Satzes hinzu. Eine Frage klingt anders als eine Aussage, eine Bitte anders als ein Befehl.
Die menschliche Stimme ist individuell geprägt. So verschieden die Sprechhöhen einzelner Sprecher auch sind, es lässt sich immer unterscheiden, ob jemand die Stimme hebt oder senkt. Beim Erlernen der vier Töne des Hochchinesischen hilft das folgende Schema:

Tabelle 6 Stimmlage

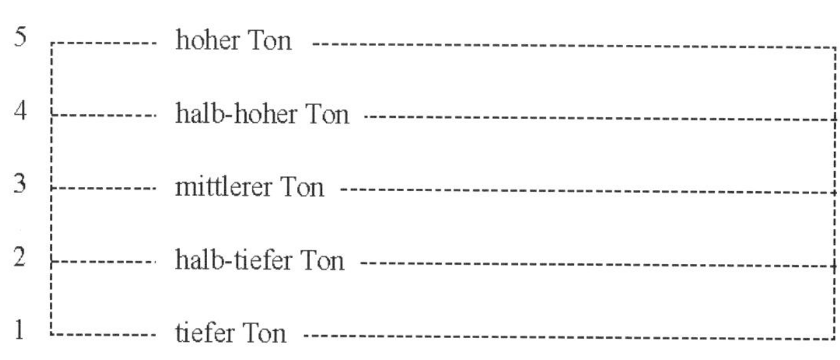

Anhand dieser Tabelle lassen sich die vier Töne so veranschaulichen:

Tabelle 7 Die vier Töne

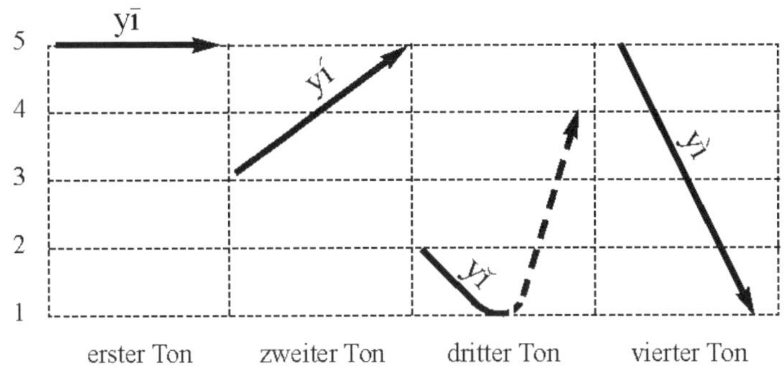

Der erste Ton wird als ebener hoher Ton bezeichnet. Er wird in hoher Stimmlage und gleichbleibend gesprochen. Man kann ihn mit dem Laut vergleichen, den man produziert, wenn der Arzt dazu auffordert, den Mund aufzumachen und einmal „a" zu sagen. Er wird in der Lautschrift Pinyin mit einem Makron (Längenstrich) über dem Hauptvokal angezeigt: pā, māo, fāng usw.

Der zweite Ton ist ein steigender hoher Ton. Er setzt in der Mitte der Stimmlage an und hebt sich zur höchsten Stimmlage. Vergleichen lässt er sich mit der Intonation einer kurzen Frage im Deutschen: Wer? Wo? Wie? In Pinyin wird der zweite Ton mit dem Akut (*accent aigu*) angezeigt: pá, máo, fáng usw.

Der dritte Ton tritt in zwei Ausspracheformen auf. Wenn eine einzelne Silbe im dritten Ton gesprochen wird, so sinkt die Stimme von der halbtiefen in die tiefe Stimmlage ab und steigt dann in die halbhohe Stimmlage hinauf. Ähnlich spricht man im Deutschen das Wort „so" aus, wenn man mit ihm den befriedigenden Abschluss einer Tätigkeit kommentiert. Auf der Wortebene wird der dritte Ton ebenfalls mit fallend-steigender Stimme gesprochen, wenn ein mehrsilbiges Wort in der letzten Silbe den dritten Ton trägt und sehr deutlich artikuliert wird. Statistisch gesehen ist die andere Ausspracheform des dritten Tons sehr viel häufiger. Hier sinkt die Stimme nur von der halbtiefen Stimmlage ab in die tiefe. Der dritte Ton wird sozusagen verkürzt gesprochen. Darum ist der steigende Teil der Stimmkurve im obenstehenden Schema gestrichelt markiert. Bei hohem Sprechtempo kann sogar das Absinken der Stimme von der halbtiefen

Stimmlage entfallen. Dann wird die Silbe nur noch in der tiefen Stimmlage intoniert. Ob der dritte Ton verkürzt oder fallend-steigend ausgesprochen wird, er wird jeweils mit dem gleichen Tonzeichen markiert: pǎo, fǎ, mǎn usw.

Der vierte Ton ist ein fallender Ton. Die Stimme senkt sich von der hohen Stimmlage zur tiefen. Vergleichen lässt sich die Intonation mit einem entschiedenen „Nein!“ oder „Nie!“ im Deutschen. Der vierte Ton wird mit dem Gravis (*accent grave*) markiert: pài, màn, fàng usw.

Wenn man die vier Töne am Beispiel von einzelnen Silben übt, ist es hilfreich, beim Hören und Nachsprechen das Steigen, Sinken oder Gleichbleiben der Stimme mit Handbewegungen in der Luft zu nachzumalen. Wem diese „Dirigentenweise“ nicht liegt, der kann auch das Kinn zu Hilfe nehmen: Eine waagerechte Bewegung nach rechts steht für den ersten Ton, ein Heben des Kinns für den zweiten, eine u-förmige Schleife für den dritten und ein Senken des Kinns für den vierten.

Reine Ausspracheübungen erfordern hohe Konzentration und intensive Tätigkeit der Sprechwerkzeuge. Die physische und psychische Anspannung, die dadurch entsteht, lässt sich durch Hand- oder Kinnbewegungen mildern. Gleichzeitig prägen sich die Tonzeichen rascher ein. Auch bei Hörübungen, in denen es um die Identifizierung der einzelnen Töne geht, hilft es, die gehörte Silbe nachzusprechen und dabei mit der Hand oder dem Kinn die passende Bewegung zu machen. So findet man häufig viel rascher die Lösung.

2.3.2 Tonveränderungen (Tonsandhi)

Zu den Besonderheiten der Ausspracheregeln gehören Tonveränderungen, in der Fachsprache Tonsandhi genannt. Solche Tonveränderungen treten auf, wenn zwei oder mehr Silben aufeinander folgen. Hier gelten folgende Regeln:

1. Wenn eine Silbe im dritten Ton unmittelbar vor einer weiteren Silbe im dritten Ton steht, so wird sie im zweiten Ton gesprochen. Das Tonzeichen wird nicht verändert.

Einzelsilben	Schreibweise	Aussprache
nǐ + pǎo	nǐ pǎo	ní pǎo
kǔ + nǎo	kǔnǎo	kúnǎo

Die Silben im ersten Beispiel bedeuten „Du läufst“. Hier handelt es sich also um einen kurzen Satz, der aus zwei einsilbigen Wörtern besteht. Dementsprechend werden die Silben nicht zusammengeschrieben. Die Silben im zweiten Beispiel bedeuten „bitter (sein)“ und „unglücklich (sein)“. Zusammengesetzt ergeben sie das Wort kǔnǎo, welches für „bekümmert, geplagt (sein)“ steht. Zur Erinnerung: Da dieses Wort in der Pinyin-Schreibung keinen Apostroph enthält, ist die Lesart kǔn-ǎo ausgeschlossen.

2. Folgt einer Silbe im dritten Ton eine weitere im ersten, zweiten oder vierten Ton, so wird der dritte Ton in der vorhergehenden Silbe zum sogenannten halbdritten Ton. Das heißt, die Stimme sinkt nur von der halbtiefen Stimmlage ab in die tiefe Stimmlage, ohne dass die Stimme wieder steigt (vgl.Tabelle 7). Das diakritische Zeichen für den dritten und den halbdritten Ton ist, wie gesagt, gleich.

3. Wenn zwei Silben im vierten Ton aufeinander folgen, so verwandelt sich der Ton der ersten Silbe in den sogenannten halbvierten Ton. Die Stimme fällt beim Aussprechen der ersten Silbe nur bis zur mittleren Stimmlage, die folgende wird im vollen vierten Ton gesprochen. Auch diese Tonveränderung wird nicht angezeigt. Die betreffenden Silben tragen jeweils das Tonzeichen für den vierten Ton.

4. Unbetonte Silben tragen keinen eigenen Ton, doch auch ihre Tonhöhe unterliegt Veränderungen, die vom Ton der vorangehenden Silbe bestimmt werden. Nach einer Silbe im ersten Ton wird der neutrale Ton in halbtiefer Stimmlage gesprochen. Nach einer Silbe im zweiten Ton beeinflusst er auch deren Tonhöhe. Hier steigt die Stimme von der halbtiefen Stimmlage aus zur hohen (und nicht von der mittleren aus wie sonst). Den folgenden neutralen Ton spricht man in mittlerer Stimmlage. Folgt er einer Silbe im dritten Ton, wird der dritte Ton zum halbtiefen, ihm folgt der neutrale Ton in halbhoher Stimmlage. Nach einer Silbe im vierten Ton schließlich ist der neutrale Ton in tiefer Stimmlage angesiedelt. Im folgenden Schema wird der neutrale Ton jeweils mit einem Kreis markiert:

Tabelle 8 Die vier Töne gefolgt von einem neutralen Ton

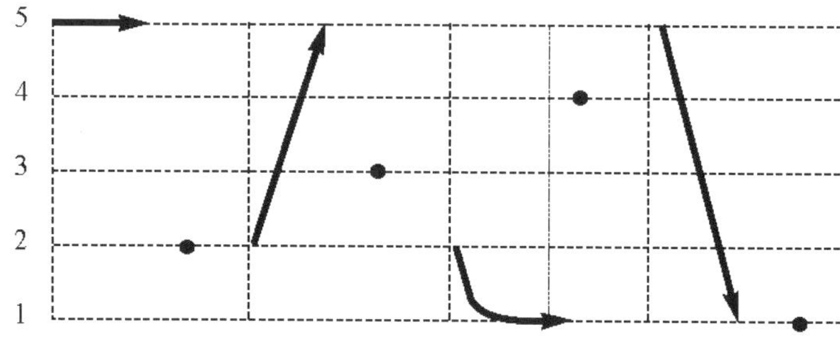

shuōle	láile	zǒule	zuòle
zhuōzi	zhúzi	zhǒngzi	zhùzi
gēge	yéye	jiějie	dìdi

5. Neben diesen Tonveränderungen, die regelhaft bei der Verbindung von Silben in bestimmten Tonhöhen auftreten, gibt es Tonveränderungen, die nur an bestimmte Wörter gebunden sind. Das Adverb bù dient zur Verneinung. Vor Silben im ersten, zweiten und dritten Ton behält es den vierten Ton. Folgt ihm aber eine Silbe im vierten Ton, so wird das Adverb im zweiten Ton gesprochen:

Tabelle 9 Tonveränderungen nach dem Adverb bù (nicht)

bù + 1. Ton	bù + 2. Ton	bù + 3. Ton	bù + 4. Ton
bù tīng	bù lái	bù mǎi	bú mài
bù gāo	bù máng	bù ǎi	bú è

In Wörterbüchern werden diese Tonveränderungen nicht angezeigt, jedoch in manchen Chinesischlehrbüchern für den Anfängerunterricht, um den Lernern das korrekte Aussprechen zu erleichtern.
Auch die Aussprache der Zahlen eins, sieben und acht war in der ersten Hälfte des letzten Jahrhunderts unter bestimmten Voraussetzungen Tonveränderungen unterworfen. Heute ist davon nur noch eine Zahl betroffen: Die Silbe yī in der Bedeutung „eins" trägt den ersten Ton, wird auch in einer Ziffernfolge im ersten Ton gesprochen. Das gilt etwa bei Jahreszahlen, Raum- oder Telefonnummern, die, anders als im Deutschen, in der Regel nicht als zusammengesetzte Zahlen gesprochen werden (Raum Nr. drei-vier-sieben statt dreihundertsie-

benundvierzig). Wird die Zahl eins aber bei Mengenangaben oder in einer Wortverbindung verwendet, so wird sie im vierten Ton gesprochen, wenn eine Silbe im ersten, zweiten oder dritten Ton folgt. Vor einer Silbe im vierten Ton oder einer unbetonten Silbe, die ursprünglich den vierten Ton hatte, wird die Silbe im zweiten Ton gesprochen.

Tabelle 10 Tonveränderungen bei der Zahl yī (eins)

yī + 1. Ton	yī + 2. Ton	yī + 3. Ton	yī + 4. Ton / neutraler Ton*
yì zhāng zhuōzi	yì tái shōuyīnjī	yì běn shū	yí shàn chuānghu yí ge* běnzi

* Silbe ursprünglich im 4. Ton

Solche Tonveränderungen betreffen auch Wörter, in denen diese Zahl auftritt. In Wörterbüchern werden diese nicht markiert, da alle Wörter unter der Zahl yī im ersten Ton verzeichnet sind. In Lehrbüchern für den Anfängerunterricht hingegen werden diese Tonveränderungen häufig in den Tonzeichen wiedergegeben.

Wörterbuch	in Lehrbüchern häufig
yīgòng	yígòng
yīqǐ	yìqǐ

2.4 Das Suffix *-r*

Eine weitere Besonderheit stellt das nicht syllabische Suffix *-r* dar. Es handelt sich um eine Aussprachevariante, die aus dem im Großraum Peking gesprochenen Chinesisch hervorgegangen ist. Dieses Suffix hat rein phonetische Funktion. Es kann nur an bestimmte Wörter, vorwiegend Substantive, angehängt werden. Dabei verändert sich die Aussprache des Auslauts. Die Auslaute *a, ai, an* und *ang* etwa verschmelzen in Verbindung mit dem Suffix *-r* lautlich zu einer Silbe: *ar*. Die Vokale und die nasalen Auslaute *n* oder *ng* sind nicht mehr zu

hören. Zur Schreibung wurde das Schriftzeichen 兒 (traditionelle Form) bzw. 儿 (vereinfachte Form) entlehnt.
Um diese Lautkombination von solchen Wörtern zu unterscheiden, in denen die Silbe *er* eigenständig gesprochen wird, gelten bei der Pinyin-Schreibung folgende Regeln:

eigenständige Silbe	Verschmelzung mit der Silbe davor
yīng + ér = yīng'ér	wán + ér = wánr

Ist die Silbe *er* also eigenständiger Bestandteil am Ende eines Wortes, so wird sie ausgeschrieben und mit Apostroph abgetrennt, wie alle Silben ohne konsonantischen Anlaut in der Wortmitte oder am Wortende, in denen ein *a*, *e* oder *o* der erste oder einzige Vokal ist. Verschmilzt die Silbe *er* hingegen mit der vorangehenden Silbe, so wird in der Pinyin-Schreibung nur ein *r* an die letzte Silbe angehängt. In Schriftzeichen-Texten erscheint das Schriftzeichen für das Suffix *-r* in Wörter- und Lehrbüchern häufig kleiner gedruckt:

er als eigenständige Silbe		Das Suffix *-r*	
trad. Form	vereinf. Form	trad. Form	vereinf. Form
嬰兒	婴儿	玩兒	玩儿

In sonstigen gedruckten Texten, etwa Zeitungsartikeln oder Romanen, ist das Suffix *-r* hingegen immer seltener zu sehen. Ein nordchinesischer Leser wird das Verb 玩 wohl gewohnheitsmäßig „wánr" lesen, auch wenn das Schriftzeichen 儿 im Text fehlt, während ein südchinesischer Leser selbst dann, wenn es vorhanden ist, mit Sicherheit die Lesung „wán" wählen wird. Die südchinesischen Regionalsprachen kennen dieses Lautphänomen nämlich nicht. Daher vermeiden Südchinesen Wörter wie nǎr (wo) und verwenden nǎlǐ oder nǎli (wo).
Es gibt Regeln für die Verwendung des retroflexen *-r*. Hier sei nur eine genannt. Mit der Silbe guǎn (in der Bedeutung Gebäude, Gasthaus) gebildete Wörter wie cháguǎn (Teehaus) oder jiǔguǎn (Kneipe) können cháguǎnr und jiǔguǎnr gesprochen werden. Das Wort für Bibliothek, túshūguǎn, hingegen darf niemals mit dem Suffix *-r* gespro-

chen werden. Heute betrachten viele Muttersprachler cháguǎnr und jiǔguǎnr allerdings bereits als regionalsprachlich.
Seit den 1950er Jahren schwindet die Zahl der Wörter, die mit Suffix *-r* lexikalisiert sind. Manche werden zwar noch aufgenommen, aber mit dem Zusatz „regionalsprachlich" oder „umgangssprachlich" versehen. Andere erscheinen in der Pinyin-Schreibung ohne *-r*, wohingegen die entsprechenden Schriftzeichen die andere Aussprachemöglichkeit bieten. Das Wörterbuch *Xiàndài Hànyǔ cídiǎn* verzeichnet in der Auflage von 2005 etwa das chinesische Wort für Teehaus in Pinyin als cháguǎn, fügt das Schriftzeichen 儿 aber in Klammern als Aussprachevariante an. Bei dem Wort zhàopiànr (Foto) wieder findet sich der Vermerk „umgangssprachlich", mit Verweis auf die hochsprachliche Lautung zhàopiàn. Wie in den vorherigen Auflagen bietet auch die Auflage von 2005 dieses Wörterbuchs eine Tabelle, die Aussprachehilfen bei der Verwendung des Suffixes *-r* gibt.
In neueren Lehrbüchern der chinesischen Sprache findet sich nur noch eine geringe Zahl von Wörtern mit diesem Suffix, wie nǎr (wo) oder yīdiǎnr (ein wenig). Im 1959 in Peking veröffentlichten *Lehrbuch der chinesischen Sprache/Hànyǔ jiàokēshū* heißt es noch: „Im Chinesischen gibt es viele Wörter, die auf r auslauten." 1994 merkt das ebenfalls in Peking erschienene Lehrbuch *Praktisches Chinesisch/Shíyòng Hànyǔ kèběn* an, das „r" am Wortende werde „manchmal" verwendet. Ein aus Südchina stammender Dozent der Pädagogischen Hochschule Peking erklärte im Sommer 2005, eigentlich könne man heute im Chinesischunterricht für Ausländer auf die Vermittlung dieser lautlichen Besonderheit ganz verzichten.
Da das Suffix *-r* zum Silbenbestand des Hochchinesischen gehört, sollte die Artikulation auch geübt werden, doch kann man sich dabei auf einige wenige Wörter beschränken.

2.5 Erläuterungen und Aussprachehilfen zum Übungsteil

Im 3. Kapitel des Buches werden Ausspracheübungen geboten, die Schritt für Schritt in den Silbenbestand und die vier Töne einführen. Um den Übungsteil möglichst breit anlegen zu können, werden in sehr wenigen Fällen Kombinationen von Silbe und Ton angeführt, die nicht oder heute nicht mehr üblich sind. Das gilt für die Silbe *an* im zweiten Ton und die Silbe *ang* im dritten Ton in der ersten Übung. Ab Übung 3.2 zeigen Leerstellen in den Kästen an, dass bestimmte Silben-Ton-Kombinationen oder Anlaut-Auslaut-Kombinationen im Hochchinesischen nicht existieren. Nur in wenigen Fällen werden Silben-Ton-Verbindungen geübt, die nur noch in älteren Wörterbüchern zu finden sind.

Die neu vorgestellten An- und Auslaute werden in jedem Übungsteil zunächst am Beispiel von einzelnen Silben geübt. Beim Abhören der Audio-CD können Sie zur Eigenkontrolle die Silben in Pinyin im Buch mitverfolgen. Dabei üben Sie beim Lesen und Nachsprechen der Silben die Regeln der Pinyin-Umschrift ein. Zusätzliche Aufgaben sind nicht im Übungsteil abgedruckt. Sie sind als Hörübungen gedacht und gleichzeitig als Übung zur aktiven Anwendung der Pinyin-Lautschrift. Hören Sie die Aufgaben ab und schreiben Sie die Silben oder Wörter in Pinyin auf. Die Lösungen zu den Aufgaben finden Sie am Ende des Übungsteils.

Zu beachten ist, dass die einzelnen Silben und Wörter in der Aufnahme so deutlich ausgesprochen werden, wie man es im Alltagsgespräch kaum einmal hört. Wie beim Üben der Aussprache in jeder anderen Fremdsprache auch kommt es zunächst darauf an, die einzelnen Silben möglichst laut- und tongetreu nachzusprechen. Wenn Sie später die Texte eines Chinesischlehrbuchs lesen oder sich auf Chinesisch unterhalten, werden Sie feststellen, dass etwa der erste Ton in der Wort- und Satzintonation häufig tiefer gesprochen wird, als Sie hier in den phonetischen Übungen hören. Auch das Sprechtempo und die im Alltagsgespräch üblichen „Abschleifungen“ von Vokalen und Konsonanten beeinflussen natürlich die Aussprache.

3 Übungen zur Aussprache

Die folgenden Ausssprachehilfen sind so einfach wie möglich gehalten. Zu den einzelnen An- und Auslauten werden ähnlich klingende deutsche Laute genannt. Auf die Unterschiede zwischen Laut und Pinyin-Schreibung wird jeweils hingewiesen.

3.1 Übung — Die Auslaute *-a -ai -ao -an -ang -i -in -ing -u -ü* und die vier Grundtöne

Erläuterung: Als Faustregel beim Üben der vier Töne kann man sich merken:

1. Ton hoch und gleichbleibend (wie in der Antwort auf die Aufforderung des Arztes, einmal „A" zu sagen)

2. Ton von der mittleren Tonlage steigend (wie eine einsilbige Frage in ungläubigem Tonfall: wo? wie?)

3. Ton fallend-steigend (wie ein langgezogenes „so-ho" im Deutschen, wenn man befriedigt den Abschluss einer Tätigkeit kommentiert)

4. Ton von hoher Tonlage zur tiefen fallend (wie ein langgezogenes und sehr entschiedenes „Nein!")

Zur Beachtung: Im Hochchinesischen besteht eine Silbe aus drei Elementen: dem Anlaut, dem Auslaut und dem Ton. Der Anlaut, der immer ein Konsonant ist, kann entfallen, wie bei den zehn Silben, die in dieser Übung vorgestellt werden. Diese Silben setzen sich also aus Auslaut und Ton zusammen. Der Vokal oder – bei Silben mit zwei Vokalen – der Hauptvokal trägt das Tonzeichen. Vergleichen Sie hierzu die Tabelle 5, S. 25f. Im Übungsteil sehen Sie, dass bei den Auslauten in den grau unterlegten Balken die Schreibung der Auslaute *u* und *ü* sowie *i* und [ʅ] lautgetreu erfolgt. Hier unterscheiden sich Laut und Pinyin-Schreibung.

a etwa: M*a*ma

ai etwa: K*ai*, *Ei*. Der Hauptvokal *a*, der das Tonzeichen trägt, klingt lang und betont, der auslautende Vokal *i* klingt nur kurz und leicht an.

ao etwa: Kak*ao*, l*au*t. Der Hauptvokal *a* klingt auch hier lang und betont, während der auslautende Vokal *o* nur kurz und leicht zu hören ist. Nicht a-o aussprechen!

an Nasalauslaut: Beim Sprechen des Vokals *a* befindet sich die Zunge etwas weiter vorn als bei der Silbe *a*. Die Zunge hebt sich gegen den Zahndamm, die Luft strömt durch die Nase aus.

ang Nasalauslaut: Beim Sprechen des Vokals *a* befindet sich die Zunge weiter hinten als bei der Silbe *an*. Dann zieht sich die Zunge zurück, wobei sich die Zungenwurzel am Gaumensegel befindet. Die Luft strömt durch die Nase aus.

yi etwa: n*ie*. Der Buchstabe *y* vor dem Laut *i* wird in Pinyin immer dann verwendet, wenn kein Konsonant als Anlaut vorhanden ist. Er bezeichnet hier einen Gleitlaut, der mehr oder weniger zu hören ist. Er entspricht einem ganz leicht gesprochenen deutschen *j*.

yin Nasalauslaut: Wird gebildet wie die Silbe *an*, nur mit dem Vokal *i*. Der Gleitlaut ist deutlich zu hören.

ying Nasalauslaut: Wird wie die Silbe *ang* nasal gesprochen. Der Gleitlaut ist deutlich zu hören.

wu Der Vokal *u* wird gebildet, indem man die Lippen rundet, als wolle man ein deutsches *o* sprechen, und spricht dann ein *u*, wobei die Luft aus dem Mund strömt. Der Buchstabe *w* ist hier kein Konsonant, darf nicht wie *w* im deutschen Wort Wurzel ausgesprochen werden. Er zeigt hier einen Gleitlaut an.

yu etwa: *ü*ber. Der Buchstabe *y* tritt in der Schreibung immer dann vor den Vokal *ü*, wenn kein Konsonant als Anlaut vorhanden ist. Wie bei der Silbe yi steht das *y* hier für einen Gleitlaut, vergleichbar mit einem ganz leicht gesprochenen *j*, der mehr oder weniger deutlich anklingt. Achten Sie auf die Unterscheidung zwischen Laut *ü* und Schreibung *yu*.

3.1.1 Sie hören diese zehn Silben zunächst jeweils im ersten Ton, dann im zweiten usw. Sprechen Sie nach. **[Track 1]**

Auslaute										
Ton	***-a***	***-ai***	***-ao***	***-an***	***-ang***	***-i***	***-in***	***-ing***	***-u***	***-ü***
1	ā	āi	āo	ān	āng	yī	yīn	yīng	wū	yū
2	á	ái	áo	án	áng	yí	yín	yíng	wú	yú
3	ǎ	ǎi	ǎo	ǎn	ǎng	yǐ	yǐn	yǐng	wǔ	yǔ
4	à	ài	ào	àn	àng	yì	yìn	yìng	wù	yù

3.1.2 Sie hören die obenstehenden Silben nun jeweils im ersten, zweiten, dritten und vierten Ton. Sprechen Sie nach. **[Track 2]**

3.1.3 Aufgabe Sie hören zehn Silben. Schreiben Sie diese in Pinyin auf. **[Track 3]**

3.1.4 Aufgabe Sie hören die zehn Silben noch einmal. Ergänzen Sie jetzt die Tonzeichen. Den Schlüssel finden Sie im Lösungsteil zu den Aufgaben. **[Track 4]**

3.2 Übung — Anlaute *p- m- f- t- n- l- c- k-* und Auslaut *-ong*

3.2.1 *p- m- f-* mit *-a -ai -ao -an -ang* **[Track 5]**

Anlaute *p-, m-, f-* mit *-a, -ai, -ao, -an* und *-ang*									
Ton	*-a*			*-ai*			*-ao*		
1	pā	mā	fā	pāi			pāo	māo	
2	pá	má	fá	pái	mái		páo	máo	
3		mǎ	fǎ	pǎi	mǎi		pǎo	mǎo	
4	pà	mà	fà	pài	mài		pào	mào	

Ton	-an			-ang		
1	pān	mān	fān	pāng	māng	fāng
2	pán	mán	fán	páng	máng	fáng
3		mǎn	fǎn	pǎng	mǎng	fǎng
4	pàn	màn	fàn	pàng		fàng

Erläuterung: Vor die Auslaute *a, ai, ao, an, ang* treten jetzt Konsonanten. Die Silben dieser Übung bestehen also aus drei Elementen: Anlaut, Auslaut und Ton. Die Anlaute *p, m, f* werden jeweils mit beiden Lippen gebildet. Das *p* und das *f* werden stärker behaucht (aspiriert) als im Deutschen. An den nicht besetzten Stellen in den Kästen im Übungsteil erkennen Sie, dass die Silben „fai" und „fao" nicht existieren. Das gilt auch für die Silbe „pa" im dritten Ton.

3.2.2 Aufgabe Sie hören zehn Silben. Schreiben Sie diese in Pinyin mit Tonzeichen auf. **[Track 6]**

3.2.3 *p- m- f-* mit *-i -in -ing –u* **[Track 7]**

Erläuterung: Hier werden die Auslaute *i, in, ing* und *u* mit den Anlauten *p, m, f* geübt. Denken Sie daran, *p* und *f* stärker als im Deutschen zu behauchen, und achten Sie darauf, die Auslaute *in* und *ing* nasal auszusprechen.

Anlaute *p-, m-, f-* mit *-i, -in, -ing* und -u									
Ton	-i			-in			-ing		
1	pī	mī		pīn			pīng		
2	pí	mí		pín	mín		píng	míng	
3	pǐ	mǐ		pǐn	mǐn			mǐng	
4	pì	mì		pìn			pìng	mìng	

Ton	-*u*		
1	pū		fū
2	pú	mú	fú
3	pǔ	mǔ	fǔ
4	pù	mù	fù

3.2.4 Aufgabe Sie hören zehn Silben. Schreiben Sie diese in Pinyin mit Tonzeichen auf. **[Track 8]**

3.2.5 *t- n- l-* mit *-a -ai -ao -an -ang -ong* **[Track 9]**

Jetzt kommen als neue Anlaute *t*, *n* und *l* hinzu. Alle Anlaute werden mit der Zungenspitze am oberen Zahnfleisch gebildet. Das *t* wird stärker behaucht als im Deutschen. Der neue Auslaut *ong* entspricht als Laut einem nasal gesprochenen *ung*. Anders, als der Vokal *o* in der Pinyin-Schreibung nahe legt, wird der Vokal hier etwa wie in Buch*ung* ausgesprochen, allerdings mit nasaler Endung.

Anlaute *t-*, *n-*, *l-* mit *-a*, *-ai*, *-ao*, *-an*, *ang* und ong									
Ton	-*a*			-*ai*			-*ao*		
1	tā	nā	lā	tāi			tāo	nāo	lāo
2		ná	lá	tái		lái	táo	náo	láo
3	tǎ	nǎ	lǎ	tǎi	nǎi		tǎo	nǎo	lǎo
4	tà	nà	là	tài	nài	lài	tào	nào	lào
	-*an*			-*ang*			-*ong*		
1	tān	nān		tāng	nāng	lāng	tōng		lōng
2	tán	nán	lán	táng	náng	láng	tóng	nóng	lóng
3	tǎn	nǎn	lǎn	tǎng	nǎng	lǎng	tǒng		lǒng
4	tàn	nàn	làn	tàng	nàng	làng	tòng	nòng	lòng

3.2.6 Aufgabe Sie hören zehn Silben. Schreiben Sie diese in Pinyin mit Tonzeichen auf. **[Track 10]**

3.2.7 *t- n- l-* mit *-i -in -ing -u -ü* **[Track 11]**

Erläuterung: Die Anlaute *t, n* und *l* werden jetzt mit den Auslauten *i, in, ing, u* und *ü* kombiniert. Bitte denken Sie daran, das *t* etwas stärker zu behauchen und die Auslaute *in* und *ing* nasal auszusprechen.

Anlaute *t-, n-, l-* mit *-i, -in, -ing, -u* und *-ü*									
Ton	*-i*			*-in*			*-ing*		
1	tī	nī	lī			līn	tīng		
2	tí	ní	lí		nín	lín	tíng	níng	líng
3	tǐ	nǐ	lǐ			lǐn	tǐng	nǐng	lǐng
4	tì	nì	lì			lìn	tìng	nìng	lìng
	-u			*-ü*					
1	tū		lū						
2	tú	nú	lú			lǘ			
3	tǔ	nǔ	lǔ		nǚ	lǚ			
4	tù	nù	lù		nǜ	lǜ			

3.2.8 Aufgabe Sie hören zehn Silben. Schreiben Sie diese in Pinyin mit Tonzeichen auf. **[Track 12]**

3.2.9 *c- k-* mit *-a -ai -ao -an -ang -ong -u* **[Track 13]**

Erläuterung: Sie üben jetzt zwei neue Anlaute: *c* und *k*. Der Anlaut *c* wird mit der Zungenspitze am oberen Zahndamm gebildet. Etwa: z wie in Zahn oder ts. Der Anlaut *k* wird stärker behaucht als im Deutschen. Denken Sie bitte daran, dass der Auslaut *ung* in der Umschrift Pinyin *ong* geschrieben wird.

Anlaute *c-*, *k-* mit *-a*, *-ai*, *-ao*, *-an*, *-ang*, *-ong* und *-u*								
Ton	*-a*		*-ai*		*-ao*		*-an*	
1	cā	kā	cāi	kāi	cāo	kāo	cān	kān
2			cái		cáo		cán	
3	cǎ	kǎ	cǎi	kǎi	cǎo	kǎo	cǎn	kǎn
4		kà	cài	kài	cào	kào	càn	kàn
	-ang		*-ong*		*-u*			
1	cāng	kāng	cōng	kōng	cū	kū		
2	cáng	káng	cóng		cú			
3		kǎng	cǒng	kǒng		kǔ		
4		kàng	còng	kòng	cù	kù		

3.2.10 Aufgabe Sie hören zehn Silben. Schreiben Sie diese in Pinyin mit Tonzeichen auf. **[Track 14]**

3.3 Übung **Tonveränderungen**
Verhältnis der Töne in zweisilbigen Wörtern bzw. Wortgruppen

Erläuterung: Zu den Übungen 3.3.1, 3.3.2 und 3.3.3
In dieser Übung sprechen Sie zweisilbige Wörter oder Wortgruppen nach. Das beeinflusst die Aussprache des 3. und 4. Tons in folgenden Fällen:

1. Steht eine Silbe im dritten Ton am Wortende oder vor einer Sprechpause, wird sie – wie bereits geübt – im vollen dritten Ton gesprochen: tā pǎo. Folgt einer Silbe im dritten Ton aber eine weitere, so wird sie im „halbdritten" Ton gesprochen. Das heißt, die Stimme sinkt von der halbtiefen in die tiefe Stimmlage (vgl. Tabelle 7, S. 29).
2. Wenn zwei Silben im dritten Ton zusammentreffen, so wird die erste Silbe im zweiten Ton, also steigend, gesprochen.

Diese Tonveränderungen werden in den Tonzeichen nicht angezeigt!

3. Folgen zwei Silben im vierten Ton aufeinander, so wird die erste Silbe im „halbvierten“ Ton gesprochen. Die Stimme fällt mit der ersten Silbe nur bis zur mittleren Stimmlage, während die zweite voll im vierten Ton gesprochen wird.

3.3.1 **[Track 15]**

Zweisilbige Wortgruppen mit *ta, nin, ni,* und *kū, lái, pǎo, màn*				
Ton	*- kū*	*-lái*	*-pǎo*	*-màn*
1	tā kū	tā lái	tā pǎo	tā màn
2	nín kū	nín lái	nín pǎo	nín màn
3	nǐ kū	nǐ lái	nǐ pǎo	nǐ màn
4	ài kū	ài lái	ài pǎo	ài màn

Tonveränderungen im Einzelnen

3.3.2 **[Track 16]**

Der „halbdritte“ Ton		
3 + 1	*3 + 2*	*3 + 4*
nǐ + tīng = nǐ tīng	nǐ + lái = nǐ lái	nǐ + mài = nǐ mài
pǔ + tōng = pǔtōng	lǐ + yú = lǐyú	fǎ + lǜ = fǎlǜ
nǎi + mā = nǎimā	mǎi + táng = mǎi táng	mǎi + cài = mǎi cài
mǐ + tāng = mǐtāng	wǔ + tái = wǔtái	cǎo + mào = cǎomào
mǎ + ān = mǎ'ān	mǎ + tí = mǎtí	nǔ + lì = nǔlì
tǐ + cāo = tǐcāo	yǔ + máo = yǔmáo	kǒng + pà = kǒngpà

3.3.3 [Track 17]

Der „halbvierte" Ton 4 + 4	
ài + mài = ài mài	mù + tàn = mùtàn
tàn + lù = tàn lù	pào + cài = pàocài
cài + fàn = càifàn	fàn + làn = fànlàn

3.3.4 Aufgabe Sie hören vier zweisilbige Ortsnamen. Bitte schreiben Sie diese in Pinyin mit Tonzeichen auf. **[Track 18]**

Erläuterung: Bitte schreiben Sie die Ortsnamen, wie in der Pinyin-Schreibung üblich, groß.

3.4 Übung Die Anlaute *b- d- z- g-* und der Auslaut -e

3.4.1 Die Anlaute *b- d- z- g-* im Vergleich mit *p- t- c- k-*: Einsilbige Beispiele. **[Track 19]**

Die Anlaute *p-, b-; t-, d-; c-, z- und k-, g-* im Vergleich									
-a	*-ai*	*-ao*	*-an*	*-ang*	*-ong*	*-i*	*-in*	*-ing*	*-u*
pā bā	pái bái	pǎo bǎo	pàn bàn	pāng bāng		pí bí	pìn bìn		pù bù
tā dā	tài dài	tǎo dǎo	tān dān	tǎng dǎng	tòng dòng	tí dí		tīng dīng	tǔ dǔ
cā zā	cài zài	cǎo zǎo	cán zán	cāng zāng	cōng zōng				cú zú
kǎ gǎ	kāi gāi	kào gào	kàn gàn	kāng gāng	kǒng gǒng				kù gù

Erläuterung: Sie üben jetzt die bereits bekannten Anlaute *p, t, c, k* im Vergleich mit den Anlauten *b, d, z, g*. Der Anlaut *z* wird etwa *ds* gesprochen. *p – b*: mit beiden Lippen gebildet. *t – d*: mit der Zungenspitze am oberen Zahndamm gebildet. *c – z*: mit der Zungenspitze am oberen Zahndamm gebildet. *k – g*: mit dem Gaumensegel / an der Zungenwurzel gebildet. Achten Sie bitte darauf, jeweils den ersten Vertreter der Anlautpaare stärker behaucht zu sprechen.

3.4.2 Der Auslaut *-e*: Einsilbige Beispiele. **[Track 20]**

Erläuterung: Um den Auslaut *e* nachzusprechen, bringen Sie Ihren Mund in die Position, als wollten Sie ein *o* sprechen, und ziehen Sie Ihre Mundwinkel dann auseinander (wie beim Aussprechen des Vokals *e* im Deutschen), ändern dabei aber nicht die Zungenstellung. Der Vokal wird weit hinten gesprochen.

	Der Auslaut -e							
Ton	*e*	*d-*	*t-*	*n-*	*l-*	*g-*	*k-*	*z-*	*c-*
1	ē	dē			lē	gē	kē		
2	é	dé		né		gé	ké	zé	
3	ě					gě	kě		
4	è		tè	nè	lè	gè	kè	zè	cè

3.4.3 Tonveränderungen bei Silben, die dem Adverb *bu* folgen. **[Track 21]**

Tonveränderungen mit dem Adverb *bu*							
1.	bù tīng	**3.**	bù mǎi	**5.**	bù gāo	**7.**	bù ǎi
2.	bù lái	**4.**	bú mài	**6.**	bù máng	**8.**	bú è

Erläuterung: Nach den regelhaften Tonveränderungen, die in **Übung 3.3** vorgestellt wurden, üben Sie jetzt bitte die Tonveränderungen, die nur das Adverb bù betreffen, und zwar dann, wenn es vor einer Silbe im vierten Ton auftritt. Diese Tonveränderung wird hier im Tonzeichen angezeigt.

3.4.4 Aufgabe Sie hören zehn zweisilbige Wörter. Schreiben Sie diese in Pinyin mit Tonzeichen auf. **[Track 22]**

3.5 Übung Der neutrale Ton

3.5.1 Die Silbe *de* mit neutralem Ton. **[Track 23]**

Erläuterung: Jetzt üben Sie die Tonveränderungen von unbetonten Silben oder Silben im neutralen Ton am Beispiel von de und le. Diese Tonveränderungen sind in **Tabelle 8,** S. 32, dargestellt.

Ton	*de* mit neutralem Ton			
1	tāde	pāide	gāngde	gōngde
2	páde	báide	tángde	nóngde
3	dǎde	ǎide	fǎngde	zǒngde
4	làde	dàide	pàngde	dòngde
1	pīnde	bīngde	zūde	yūde
2	nínde	píngde	dúde	yúde
3	yǐnde	tǐngde	mǔde	nǚde
4	lìnde	yìngde	bùde	lǜde

3.5.2 **[Track 24]**

Ton	*le* mit neutralem Ton			
1	zāole	gānle	kēle	tīle
2	táole	nánle	déle	píle
3	pǎole	fǎnle	kěle	bǐle
4	dàole	pànle	èle	nìle

3.5.3 Zweisilbige Wörter mit der zweiten Silbe im neutralen Ton. Sprechen Sie nach. **[Track 25]**

Erläuterung: Üben Sie Wörter mit der zweiten Silbe im neutralen Ton anhand von Verwandtschaftsbezeichnungen.

1. māma **2.** bàba **3.** gēge **4.** dìdi **5.** nǎinai

3.5.4 Ein Zungenbrecher. Sprechen Sie nach. **[Track 26]**

Má māma mà mǎ.

3.5.5 Aufgabe Sie hören vier dreisilbige Wörter. Geben Sie diese in Pinyin mit Tonzeichen wieder. **[Track 27]**

3.6 Übung **Die Auslaute -*ei* und -*ou***

3.6.1 Einsilbige Beispiele: **[Track 28]**

Erläuterung: Im Auslaut *ei* wird der Hauptvokal *e* lang und betont gesprochen, der auslautende Vokal *i* klingt nur leicht an, ähnlich wie im englischen Substantiv d*ay*. Ebenso wird im Auslaut *ou* der Hauptvokal *o* länger als der auslautende Vokal *u* gesprochen, ähnlich dem Vokal im englischen Verb to g*o*.

Auslaute -*ei* und -*ou*								
	-*ei*				**-*ou***			
Ton	**1**	**2**	**3**	**4**	**1**	**2**	**3**	**4**
					ōu	óu	ǒu	òu
b-	bēi		běi	bèi				
p-	pēi	péi		pèi	pōu	póu	pǒu	
m-		méi	měi	mèi		móu	mǒu	mòu
f-	fēi	féi	fěi	fèi			fǒu	
d-	dēi		děi		dōu		dǒu	dòu

Auslaute *-ei* und *-ou*								
	-ei				*-ou*			
Ton	1	2	3	4	1	2	3	4
t-	tēi				tōu	tóu	tǒu	tòu
n-			něi	nèi				nòu
l-	lēi	léi	lěi	lèi	lōu	lóu	lǒu	lòu
z-		zéi			zōu		zǒu	zòu
c-				cèi				còu
g-			gěi		gōu		gǒu	gòu
k-	kēi				kōu		kǒu	kòu

3.6.2 Unterschiede zwischen den Auslauten *-ei* und *-ai* sowie zwischen *-ou* und *-ao*: [Track 29]

Unterschied zwischen *-ei* und *-ai*				
Ton	1	2	3	4
b-	bēi : bāi		běi : bǎi	bèi : bài
p-	pēi : pāi	péi : pái		pèi : pài
m-		méi : mái	měi : mǎi	mèi : mài
d-			děi : dǎi	
n-			něi : nǎi	nèi : nài
l-		léi : lái		lèi : lài
g-			gěi : gǎi	

3.6.3 [Track 30]

Unterschied zwischen *-ou* und *–ao*				
Ton	1	2	3	4
	ōu : āo		ǒu : ǎo	òu : ào
p-	pōu : pāo	póu : páo	pǒu : pǎo	
m-		móu : máo	mǒu : mǎo	mòu : mào
d-	dōu : dāo		dǒu : dǎo	dòu : dào
t-	tōu : tāo	tóu : táo		tòu : tào
n-				nòu : nào
l-	lōu : lāo	lóu : láo	lǒu : lǎo	lòu : lào
z-	zōu : zāo		zǒu : zǎo	zòu : zào
c-				còu : cào
g-	gōu : gāo		gǒu : gǎo	gòu : gào
k-			kǒu : kǎo	kòu : kào

3.6.4 Aufgabe Sie hören vier mehrsilbige Wörter. Bitte schreiben Sie diese in Pinyin mit Tonzeichen auf. **[Track 31]**

3.7 Übung Die Auslaute *-en* und *-eng*

3.7.1 Einsilbige Beispiele. **[Track 32]**

Erläuterung: Die Lippenstellung bei den Auslauten *en* und *eng* entspricht der beim Vokal *e* (vgl. **Erläuterung** zu **3.4.2**). Denken Sie daran, beide Auslaute nasal zu sprechen.

Die Auslaute -*en* und -*eng*								
	-*en*				-*eng*			
Ton	1	2	3	4	1	2	3	4
	ēn			èn				
b-	bēn		běn	bèn	bēng	béng	běng	bèng
p-	pēn	pén		pèn	pēng	péng	pěng	pèng
m-	mēn	mén		mèn	mēng	méng	měng	mèng
f-	fēn	fén	fěn	fèn	fēng	féng	fěng	fèng
d-				dèn	dēng		děng	dèng
t-					tēng	téng		
n-				nèn		néng		nèng
l-					lēng	léng	lěng	lèng
z-			zěn	zèn	zēng			zèng
c-	cēn	cén			cēng	céng		cèng
g-	gēn	gén	gěn	gèn	gēng		gěng	gèng
k-			kěn	kèn	kēng			

3.7.2 Aufgabe Sie hören sechs mehrsilbige Wörter. Bitte schreiben Sie diese in Pinyin mit Tonzeichen auf. **[Track 33]**

3.8 Übung — Die Anlaute *s-* und *h-* und die Auslaute *-o* und *-uo*

3.8.1 Die Anlaute *s-* und *h-* in einsilbigen Beispielen. **[Track 34]**

Erläuterung: Der Anlaut *s* wird scharf gesprochen wie in Stra*ß*e. Der Anlaut *h* entspricht etwa dem Rachenlaut *ch* in a*ch*.

Die Anlaute *s-* und *h-*								
	s-				*h-*			
Ton	1	2	3	4	1	2	3	4
-a	sā		sǎ	sà	hā	há	hǎ	hà
-e				sè	hē	hé		hè
-ai	sāi			sài	hāi	hái	hǎi	hài
-ei	sēi				hēi			
-ao	sāo		sǎo	sào	hāo	háo	hǎo	hào
-ou	sōu		sǒu	sòu	hōu	hóu	hǒu	hòu
-an	sān		sǎn	sàn	hān	hán	hǎn	hàn
-en	sēn					hén	hěn	hèn
-ang	sāng		sǎng	sàng	hāng	háng		hàng
-eng	sēng				hēng	héng		hèng
-ong	sōng	sóng	sǒng	sòng	hōng	hóng	hǒng	hòng
-u	sū	sú		sù	hū	hú	hǔ	hù

3.8.2 Die Auslaute *-o* und *-uo* in einsilbigen Beispielen.
[Track 35]

Erläuterung: Die Auslaute *o* und *uo* liegen lautlich nah beieinander. Der Buchstabe *w* in der Silbe wo (erste Spalte der Übung) entspricht nicht dem deutschen Konsonanten *w*, sondern vertritt hier den Gleitlaut Vokal *u*, steht also für die Silbe *uo* ohne konsonantischen Anlaut. Der Mund ist gerundet, ein *u* klingt ganz leicht an und gleitet dann in ein halboffenes *o* über. Folgt der Auslaut *o* den Anlauten *b*, *p*, *m*, *f*, so klingt das *u* ebenfalls ganz leicht an, vor allem dann, wenn die Silben sehr betont und langgezogen gesprochen werden. Das *o* ist hier jeweils der Hauptvokal.

Das gilt auch dann, wenn der Auslaut *uo* hinter den Konsonanten *d, t, n, l, z, c, s, g, k* und *h* auftritt. In diesen Silben aber ist das *u* im Auslaut *uo* viel deutlicher zu hören als in den oben angeführten Silben.

Die Auslaute -o und -uo									
Ton	-o					-uo			
		b-	*p-*	*m-*	*f-*	*d-*	*t-*	*n-*	*l-*
1	wō	bō	pō	mō		duō	tuō		luō
2		bó	pó	mó	fó	duó	tuó	nuó	luó
3	wǒ	bǒ	pǒ	mǒ		duǒ	tuǒ		luǒ
4	wò	bò	pò	mò	fò	duò	tuò	nuò	luò

Ton	-uo					
	z-	*c-*	*s-*	*g-*	*k-*	*h-*
1	zuō	cuō	suō	guō		huō
2	zuó	cuó	suó	guó		huó
3	zuǒ	cuǒ	suǒ	guǒ		huǒ
4	zuò	cuò	suò	guò	kuò	huò

3.8.3 Bitte prechen Sie nach. **[Track 36]**

Erläuterung: Achten Sie auf die Tonveränderungen: Folgen zwei Silben im dritten Ton aufeinander, so wird die erste Silbe im zweiten Ton gesprochen.

1. Nǐ hǎo! **3.** Nǐmen hǎo! **5.** Hěn hǎo.

2. Nín hǎo! **4.** Nǐ hǎo ma?

3.8.4 Aufgabe Sie hören zehn zweisilbige Wörter. Bitte schreiben Sie diese in Pinyin mit Tonzeichen auf. **[Track 37]**

3.9 Übung — **Die Auslaute *-ua -uai -uei -uan -uen -uang -ueng***

3.9.1 — Einsilbige Beispiele. **[Track 38]**

Auslaute -ua -uai -uei -uan -uen -uang -ueng								
	Ton	*-ua*	*-uai*	*-uei*	*-uan*	*-uen*	*-uang*	*-ueng*
-	1	wā	wāi	wēi	wān	wēn	wāng	wēng
	2	wá		wéi	wán	wén	wáng	
	3	wǎ	wǎi	wěi	wǎn	wěn	wǎng	wěng
	4	wà	wài	wèi	wàn	wèn	wàng	wèng
g-	1	guā	guāi	guī	guān		guāng	
	2							
	3	guǎ	guǎi	guǐ	guǎn	gǔn	guǎng	
	4	guà	guài	guì	guàn	gùn	guàng	
k-	1	kuā		kuī	kuān	kūn	kuāng	
	2			kuí			kuáng	
	3	kuǎ	kuǎi	kuǐ	kuǎn	kǔn	kuǎng	
	4	kuà	kuài	kuì		kùn	kuàng	
h-	1	huā		huī	huān	hūn	huāng	
	2	huá	huái	huí	huán	hún	huáng	
	3			huǐ	huǎn	hǔn	huǎng	
	4	huà	huài	huì	huàn	hùn	huàng	

Erläuterung: Wie in **Übung 3.8.2** steht der Buchstabe *w* hier für einen Gleitlaut. Die Pinyin-Schreibung wa entspricht also dem Laut *ua*, wai entspricht lautlich *uai*, wei steht für *uei* usw. Das heißt, die Silben im oberen Kasten haben keinen konsonantischen Anlaut. Wenn aber ein Konsonant als Anlaut dient, wird das *w* jeweils lautgetreu *u* geschrieben: g*u*a, k*u*ai, g*u*an. – Der Auslaut *uei* wird in Pinyin mit wei wiedergegeben, wenn kein konsonantischer Anlaut vorhanden ist. In Verbindung mit einem solchen Anlaut aber wird der Auslaut *uei* ohne *e* geschrieben: *g* + *uei* wird zu gui, *h* + *uei* wird zu hui. – Beim nasalen Auslaut *uen* ist der Vokal *e* Hauptvokal und klingt viel stärker an als der einleitende Vokal *u*, in Pinyin mit der Silbe wen wiedergegeben. Steht aber ein Konsonant vor dem nasalen Auslaut, so ist das *u* Hauptvokal und das *e* allenfalls zu ahnen, wenn die Silbe überdeutlich und sehr lang gezogen ausgesprochen wird. Im Normalfall ist als Auslaut nur *un* zu hören, ähnlich wie in *un*ten.

3.9.2 Weitere einsilbige Beispiele. **[Track 39]**

Einsilbige Beispiele mit *-uei, -uan, -uen*

	Ton	*-uei*	*-uan*	*-uen*		**Ton**	*-uei*	*-uan*	*-uen*
d-	1	duī	duān	dūn	z-	1	zuī	zuān	zūn
	2					2			
	3		duǎn	dǔn		3	zuǐ	zuǎn	zǔn
	4	duì	duàn	dùn		4	zuì	zuàn	zùn
t-	1	tuī	tuān	tūn	c-	1	cuī	cuān	cūn
	2	tuí	tuán	tún		2		cuán	cún
	3	tuǐ	tuǎn	tǔn		3			cǔn
	4	tuì	tuàn	tùn		4	cuì	cuàn	cùn
l-	1			lūn	s-	1	suī	suān	sūn
	2		luán	lún		2	suí		
	3		luǎn	lǔn		3	suǐ		sǔn
	4		luàn	lùn		4	suì	suàn	sùn
n-	1		nuǎn						

3.9.3 Sprechen Sie nach. **[Track 40]**

1. Duì bú duì? **3.** Duǎn bù duǎn?

2. Suān bù suān? **4.** Cuì bú cuì?

3.9.4 Aufgabe Sie hören sieben zweisilbige Wörter. Schreiben Sie diese in Pinyin mit Tonzeichen auf. **[Track 41]**

3.10 Übung Die Anlaute *zh- ch- sh- r-*

3.10.1 Einsilbige Beispiele. **[Track 42]**

Die Anlaute *zh-*, *ch-*, *sh-* und *r-*								
zh-	zhā	zhè	zhāi	zhèi	zhǎo	zhòu	zhǎn	zhèn
ch-	chā	chè	chāi		chǎo	chòu	chǎn	chèn
sh-	shā	shè	shāi	shéi	shǎo	shòu	shǎn	shèn
r		rè			rǎo	ròu	rǎn	rèn
zh-	zhǎng	zhēng	zhǒng	zhú	zhuā	zhuō		
ch-	chǎng	chēng	chǒng	chú	chuā	chuō		
sh-	shǎng	shēng		shú	shuā	shuō		
r-	rǎng	rēng	rǒng	rú		ruò		
zh-	zhuāi	zhuī	zhuān	zhǔn	zhuāng			
ch-	chuāi	chuí	chuān	chǔn	chuāng			
sh-	shuāi	shuì	shuān	shùn	shuāng			
r-		ruì	ruǎn	rùn				

Erläuterung: Die Anlaute *zh, ch, sh, r* werden vorn im Mund am harten Gaumen gebildet. In den folgenden Hilfestellungen werden beispielhaft vier Silben angeführt.

zhu etwa: *Dschu*nke. Rollen Sie die Zungenspitze gegen den harten Gaumen und pressen Sie dabei Luft heraus.

chen etwa: ru*tschen*. Rollen Sie die Zungenspitze gegen den harten Gaumen und pressen Sie dabei Luft heraus, wobei Sie den Anlaut aber – anders als bei *zh* – behauchen.

sha etwa: *Scha*nghai, aber schärfer gesprochen. Rollen Sie die Zungenspitze gegen den harten Gaumen, ohne ihn zu berühren, und pressen Sie dabei Luft heraus.

re Nähern Sie sich der Lautbildung mit dem französischen Laut *j* wie in den Wörtern *j*e oder *j*eune, wobei das *e* seine chinesische Färbung behält (vgl. **3.4.2**). Oder versuchen Sie es mit dem englischen Anlaut *r*. Die Zunge befindet sich in der gleichen Position wie beim Anlaut *sh*, doch wird der Anlaut *r* leicht gerieben. Legen Sie die Hand an den Hals: Ihre Stimmbänder vibrieren.

3.10.2 Aufgabe Sie hören zehn zweisilbige Wörter. Schreiben Sie diese in Pinyin mit Tonzeichen auf. **[Track 43]**

3.11 Übung Der Auslaut [ʅ]

3.11.1 Einsilbige Beispiele. **[Track 44]**

Der Auslaut [ʅ]									
Ton	1	2	3	4		1	2	3	4
z-	zī		zǐ	zì	*zh-*	zhī	zhí	zhǐ	zhì
c-	cī	cí	cǐ	cì	*ch-*	chī	chí	chǐ	chì
s-	sī		sǐ	sì	*sh-*	shī	shí	shǐ	shì
					r-				rì

Erläuterung: Der bei dieser Anlautgruppe in Pinyin mit *i* wiedergegebene Auslaut entspricht nicht dem deutschen Vokal *i*. Im Internationalen Phonetischen Alphabet wird er mit [ʅ] gekennzeichnet. Es handelt sich sozusagen um eine lautliche Verlängerung der Anlaute *z, c, s* sowie *zh, ch, sh, r*. Mit anderen Worten: Die Zunge bleibt in der

Position, die sie für die Bildung eines dieser Anlaute eingenommen hat. Der Vokal [ʅ] tritt nur hinter diesen sieben Anlauten auf.

3.11.2 Bitte sprechen Sie nach. **[Track 45]**

1.	sì	**4.**	sìshísì zhī
2.	sìshí	**5.**	sìshísì zhī shí
3.	sìshísì	**6.**	sìshísì zhī shí shīzi

3.11.3 Aufgabe Sie hören sieben zweisilbige Wörter. Schreiben Sie diese in Pinyin mit Tonzeichen auf. **[Track 46]**

3.12 Übung **Die Anlaute *j- q- x-***

3.12.1 Einsilbige Beispiele. **[Track 47]**

Die Anlaute j-, q- und x-								
	-i				*-in*			
Ton	**1**	**2**	**3**	**4**	**1**	**2**	**3**	**4**
j-	jī	jí	jǐ	jì	jīn	jín	jǐn	jìn
q-	qī	qí	qǐ	qì	qīn	qín	qǐn	qìn
x-	xī	xí	xǐ	xì	xīn	xín	xǐn	xìn
	-ing				*-ü*			
Ton	**1**	**2**	**3**	**4**	**1**	**2**	**3**	**4**
j-	jīng	jíng	jǐng	jìng	jū	jú	jǔ	jù
q-	qīng	qíng	qǐng	qìng	qū	qú	qǔ	qù
x-	xīng	xíng	xǐng	xìng	xū	xú	xǔ	xù

Erläuterung: Das Anlautpaar *j* – *q* wird mit gleicher Zungenstellung gebildet: Die Zungenspitze wird gegen den unteren Zahndamm ge-

drückt, die Vorderzunge gegen den harten Gaumen. Lockern Sie jetzt Ihre Zunge und pressen Sie die Luft zwischen Zunge und Gaumen hinaus. Der Anlaut *q* wird dabei stark behaucht. Sie können sich dem Konsonanten *j* mit der Zusammensetzung dj nähern, dem Konsonanten *q* mit tch: ji = dji, qi = tchi.
Zur Bildung des Anlauts *x* führen Sie die Zungenspitze Richtung harter Gaumen, ohne ihn zu berühren, und lassen Sie die Luft mit hörbarer Reibung ausströmen: etwa wie ein scharfes *ch* im deutschen ich, wobei ein scharfes *s* mehr oder weniger deutlich mitklingt.
Bitte beachten Sie: Der Buchstabe *i* steht in dieser Übung für den Vokal *i*, wie in den Silben yi oder nin. Der in Pinyin-Schreibung mit *u* wiedergegebene Vokal entspricht hingegen lautlich dem Vokal *ü*, wenn er den Konsonanten *j*, *q* und *x* folgt. Zur Erinnerung: Tritt die Silbe ü ohne konsonantischen Anlaut auf, so wird sie in Pinyin mit yu wiedergegeben (Vgl. **Erläuterung** zu **3.1.1**).

3.12.2 Sprechen Sie nach. **[Track 48]**

1. Qǐng ba. **3.** Qǐng zuò.

2. Qǐng jìn. **4.** Qǐng wèn.

3.12.3 Aufgabe Sie hören zehn zweisilbige Wörter. Schreiben Sie diese in Pinyin mit Tonzeichen auf. **[Track 49]**

3.13 Übung Die Auslaute *-ia -ie -iao -iou -ian -iang -iong -üe -üan* und *-ün*

3.13.1 Einsilbige Beispiele **[Track 50]**

Erläuterung: In dieser Übung fungiert der Vokal *i* jeweils als Gleitlaut. Bei der Pinyin-Schreibung ist zu beachten, dass in den Silben, die keinen Konsonanten als Anlaut haben, der Buchstabe *y* jeweils das *i* vertritt: *ia* wird ya geschrieben, *iong* wird yong geschrieben. Dementsprechend schreibt man den Auslaut *iou* als eigenständige Silbe you. In Verbindung mit einem konsonantischen Anlaut hingegen entfällt *o* in der Pinyin-Schreibung: *d* + *iou* wird zu diu verkürzt, *x* + *iou* wird in der Umschrift zu xiu.

In der Pinyin-Schreibung steht der Auslaut *ian* für den Laut *ien*. Beim Auslaut *ong* denken Sie bitte daran, dass die Silbe *ung* ausgesprochen wird (vgl. die **Erläuterungen** zu **3.2.5)**.
Der Auslaut *üe* wird in Pinyin nur dann mit *ü* geschrieben, wenn er den Konsonanten *n* und *l* folgt: nüe, lüe. Hinter den Konsonanten *j*, *q* und *x* hingegen wird wie bei den Silben ju, qu, xu in der Pinyin-Schreibung auf den Umlaut verzichtet: xue etwa wird x*üe* gesprochen, quan lautet qüan, jun steht für die Silbe j*ün*.

Die Auslaute *-ia -ie -iao -iou -ian -iang -iong -üe -üan* und *-ün*										
	-ia	***-ie***	***-iao***	***-iou***	***-ian***	***-iang***	***-iong***	***-üe***	***-üan***	***-ün***
b-		bié	biǎo		biān					
p-		piě	piào		piàn					
m-		miè	miáo	miù	mián					
d-		diē	diào	diū	diǎn					
t-		tiě	tiào		tiān					
n-		niè	niǎo	niú	nián	niáng		nüè		
l-	liǎ	liè	liǎo	liù	liǎn	liǎng		lüè		
j-	jiā	jiě	jiào	jiǔ	jiàn	jiāng	jiǒng	jué	juàn	jūn
q-	qiā	qiē	qiáo	qiú	qián	qiāng	qióng	quē	quán	qún
x-	xià	xié	xiǎo	xiū	xiàn	xiǎng	xiōng	xué	xuǎn	xùn
	yá	yě	yào	yǒu	yān	yáng	yòng	yuè	yuǎn	yún

3.13.2 Sprechen Sie nach. **[Track 51]**

1.	Duō xiè!	**4.**	Bié kèqi!	**7.**	Zài jiàn!
2.	Xièxie!	**5.**	Bú yào kèqi!	**8.**	Míngtiān jiàn!
3.	Xièxie nǐ!	**6.**	Bú yòng kèqi!	**9.**	Wǎnshang jiàn!

3.13.3 Ein Merkspruch zu den Urkaisern und den Dynastien bis zur Republik. Sprechen Sie nach. **[Track 52]**

三皇五帝夏商周	Sānhuáng Wǔdì Xià Shāng Zhōu
春秋戰國秦漢流	Chūnqiū Zhànguó Qín Hàn liú
三國魏晉南北隋	Sānguó Wèi Jìn Nánběi Suí
唐宋元明清民收	Táng Sòng Yuán Míng Qīng Mín shōu

Erläuterung: Dieser Merkspruch führt die Urkaiser, Epochen und Dynastien bis zur Republik in chronologischer Reihenfolge auf. Da es sich um Eigennamen handelt, werden sie großgeschrieben. Zwei kleingeschriebene Silben stehen hier des Reimes wegen: Die Dynastie Zhou am Ende des ersten Verses reimt mit liu am Ende des zweiten (die Silbe entspricht ja dem Laut *liou*). Das Füllwort liu bedeutet hier etwa: alle diese. Mit diesen beiden Versen reimt auch der letzte. Die Silbe Min ist hier die Abkürzung für Minguo, Republik China (1912–1949). Min shou bedeutet etwa: Das Volk hat die Macht (zurück) erhalten. Das Reimschema aaba entspricht dem einer traditionellen Gedichtform. Vergleichen Sie hierzu das identische Reimschema der beiden Tang-Gedichte in **Übung 3.15**.

3.13.4 Ein Zungenbrecher. Bitte sprechen Sie nach. **[Track 53]**

1. Nǐ gěi le yóuqián, **2.** méi gěi ròuqián.

3.13.5 Aufgabe Sie hören zehn mehrsilbige Wörter. Schreiben Sie diese in Pinyin mit Tonzeichen auf. **[Track 54]**

3.14 Übung **Der Auslaut -er**

3.14.1 Der Auslaut *-er* als Silbenträger. **[Track 55]**

Der Aulaut -er		
ér	*ěr*	*èr*
yīng'ér	shuāng'ěr	yī'èr
rán'ér	yín'ěr	shí'èr
chōng'ér	ǒu'ěr	lǎo'èr
xìng'ér	mù'ěr	dì'èr
érjīn	ěrjī	èrjīn

Erläuterung: Der Auslaut *er* wird wie der Vokal *e* gebildet, wobei die Zunge jedoch gegen den Gaumen gerollt wird. Diese Silbe gibt es nur im zweiten, dritten und vierten Ton.

3.14.2 Sie hören die Zahlen von 1 bis 20. Sprechen Sie nach. **[Track 56]**

1.	yī	**6.**	liù	**11.**	shíyī	**16.**	shíliù
2.	èr	**7.**	qī	**12.**	shí'èr	**17.**	shíqī
3.	sān	**8.**	bā	**13.**	shísān	**18.**	shíbā
4.	sì	**9.**	jiǔ	**14.**	shísì	**19.**	shíjiǔ
5.	wǔ	**10.**	shí	**15.**	shíwǔ	**20.**	èrshí

3.14.3 Tonveränderungen bei yī (eins). Sprechen Sie nach. **[Track 57]**

1.	yì zhāng zhuōzi	**4.**	yí shàn chuānghu
2.	yì tái shōuyīnjī	**5.**	yí ge běnzi
3.	yì běn shū		

Erläuterung: Nachdem Sie die Zahlen von 1 bis 20 geübt haben, achten Sie bitte auf die Tonveränderung bei yī (eins), wenn die Zahl nicht als einzelne Ziffer gesprochen wird.

3.14.4 Das Suffix *-r*, das mit der vorangegangenen Silbe lautlich verschmilzt. (Vgl. Abschnitt **2.4**) **[Track 58]**

Das Suffix -er					
1.	nǎr	**4.**	jìnr	**7.**	yìdiǎnr
2.	nàr	**5.**	wánr	**8.**	yíhuìr
3.	zhèr	**6.**	hǎo wánr	**9.**	yíkuàir

3.14.5 Ein Vergleich zwischen nord- und südchinesischen Aussprachevarianten. **[Track 59]**

in Nordchina zu hören		*in Südchina zu hören*	
1.	wánr	**1.**	wán
2.	hǎo wánr	**2.**	hǎo wán
3.	yìdiǎnr	**3.**	yìdiǎn
4.	yíkuàir	**4.**	yíkuài, *häufiger:* yìqǐ
5.	nǎr	**5.**	nǎli
6.	nàr	**6.**	nàli
7.	zhèr	**7.**	zhèli

3.14.6 Aufgabe. **[Track 60]**

1.	Ài'ěrlán	**3.**	Mǎ'ěrtā	**5.**	Mǎ'ěrdàifū
2.	Tǔ'ěrqí	**4.**	Níbó'ěr	**6.**	Ā'ěrbāníyà

3.15 Übung **Zwei Gedichte aus der Tang-Zeit.** **[Track 61]**

Erläuterung: Am Ende der Ausspracheübungen hören Sie zwei Gedichte aus der Tang-Zeit. Alle Chinesen kennen diese Gedichte. Es lohnt sich, sie auswendig zu lernen.

春曉	Chūn xiǎo
春眠不覺曉	Chūn mián bù jué xiǎo
處處聞啼鳥	chù chù wén tí niǎo
夜來風雨聲	yè lái fēng yǔ shēng
花落知多少	huā luò zhī duō shǎo

靜夜思	Jìng yè sī
床前明月光	Chuáng qián míng yuè guāng
疑是地上霜	yí shì dì shàng shuāng
舉頭望明月	Jǔ tóu wàng míng yuè
低頭思故鄉	dī tóu sī gù xiāng

Lösungen

3.1.3 und 3.1.4

1	ā	4	wǔ	7	yíng	10	ǎng
2	yǐ	5	áo	8	ān		
3	ài	6	yìn	9	yù		

3.2.2

1	mà	4	fàn	7	mǎi	10	fā
2	pái	5	pǎo	8	pàng		
3	māo	6	mān	9	máng		

3.2.4

1	mǐ	4	pù	7	mǐn	10	fú
2	pǐn	5	pī	8	fū		
3	míng	6	mú	9	pìng		

3.2.6

1	lá	4	nán	7	lǎo	10	nǎi
2	tài	5	tàng	8	náng		
3	nā	6	tōng	9	lòng		

3.2.8

1	nì	4	nù	7	lǚ	10	níng
2	nín	5	tī	8	lín		
3	lǐng	6	tìng	9	tū		

3.2.10

1	kāi	4	càn	7	kù	10	kǒng
2	cào	5	cū	8	kāng		
3	kǎ	6	cóng	9	kǎo		

3.3.4

	Pinyin	Langzeichen	Kurzzeichen	Deutsch
1	Lìmǎ	利馬	利马	Lima
2	Āmàn	阿曼		Oman
3	Ānmàn	安曼		Amman
4	Mǎlǐ	馬里	马里	Mali

3.4.3

1	bù tīng	不聽	不听	nicht hören
2	bù lái	不來	不来	nicht kommen
3	bù mǎi	不買	不买	nicht kaufen
4	bú mài	不賣	不卖	nicht verkaufen
5	bù gāo	不高		nicht hoch (sein)
6	bù máng	不忙	不忙	nicht viel zu tun haben
7	bù ǎi	不矮		nicht klein/niedrig (sein)
8	bú è	不餓	不饿	nicht hungrig (sein)

3.4.4

1	Gǔbā	古巴		Kuba
2	Bālín	巴林		Bahrain
3	Yìndù	印度		Indien
4	Dákǎ	達卡	达卡	Dacca
5	Bùdān	不丹		Bhutan
6	Bālí	巴黎		Paris
7	Dānmài	丹麥	丹麦	Dänemark
8	kěkě	可可		Kakao
9	Gēdé	哥德	哥德	Goethe
10	pīngpāng	乒乓		Pingpong, Tischtennis

3.5.3

	Pinyin	Langzeichen	Kurzzeichen	Deutsch
1	māma	媽媽	妈妈	Mama, Mutter
2	bàba	爸爸		Papa, Vater
3	gēge	哥哥		älterer Bruder
4	dìdi	弟弟		jüngerer Bruder
5	nǎinai	奶奶		Oma, Großmutter (väterlicherseits)

3.5.4

1	Má māma mà mǎ	麻媽媽 罵馬	麻妈妈 骂马	Die pockenarbige Mutter beschimpft das Pferd

3.5.5

1	Bānámǎ	巴拿馬	巴拿马	Panama
2	Àodìlì	奥地利		Österreich
3	Wūkèlán	烏克蘭	乌克兰	Ukraine
4	Yìdàlì	意大利		Italien

3.6.4

1	Běi'ōu	北歐	北欧	Nordeuropa
2	Táiběi	臺北	台北	Taibei (Taipeh)
3	kòutóu	叩頭	叩头	Kotau
4	Kěkǒukělè	可口可樂	可口可乐	Coca-Cola

3.7.2

1	Àomén	澳門	澳门	Macao
2	Měnggǔ	蒙古	蒙古	Mongolei
3	Fēnlán	芬蘭	芬兰	Finnland

	Pinyin	Lang-zeichen	Kurz-zeichen	Deutsch
4	táifēng	台風	台风	Taifun
5	Pénglái	蓬萊	蓬莱	Wohnsitz der Götter
6	Āgēntíng	阿根廷		Argentinien

3.8.3

1	Nǐ hǎo!	你好！		Guten Tag!
2	Nín hǎo!	您好！		Guten Tag!
3	Nǐmen hǎo!	你們好！	你们好！	Guten Tag!
4	Nǐ hǎo ma?	你好嗎？	你好吗？	Wie geht es dir?
5	Hěn hǎo.	很好。		(Sehr) gut.

3.8.4

1	Hànbǎo	漢堡	汉堡	Hamburg
2	Bólín	柏林		Berlin
3	Bō'ēn	波恩		Bonn
4	Duōgē	多哥		Togo
5	Sūdān	蘇丹	苏丹	Sudan
6	Bōlán	波蘭	波兰	Polen
7	Déguó	德國	德国	Deutschland
8	Hélán	荷蘭	荷兰	Holland, Niederlande
9	Hénèi	河內		Hanoi
10	Húběi	湖北		Hubei

3.9.3

1	Duì bú duì?	對不對？	对不对？	Ist das richtig?
2	Suān bù suān?	酸不酸？		Ist das sauer?

	Pinyin	Lang-zeichen	Kurz-zeichen	Deutsch
3	Duǎn bù duǎn?	短不短?	短不短?	Ist das kurz?
4	Cuì bú cuì?	脆不脆?		Ist das knusprig?

3.9.4

1	Lúndūn	倫敦	伦敦	London
2	Wénlái	文萊	文莱	Brunei
3	Nuówēi	挪威		Norwegen
4	Guǎngdōng	廣東	广东	Guangdong
5	Táiwān	台灣	台湾	Taiwan
6	Huánghé	黃河	黄河	Huanghe
7	Guìlín	桂林		Guilin

3.10.2

1	Shànghǎi	上海		Shanghai
2	Chángshā	長沙	长沙	Changsha
3	Zhōngguó	中國	中国	China
4	Zhèngzhōu	鄭州	郑州	Zhengzhou
5	Chángchūn	長春	长春	Changchun
6	Shēnzhèn	深圳		Shenzhen
7	Chéngdū	成都		Chengdu
8	Sūzhōu	蘇州	苏州	Suzhou
9	Zhàdé	乍得		Tschad
10	Huáshā	華沙	华沙	Warschau

3.11.2

	Pinyin	Lang-zeichen	Kurz-zeichen	Deutsch
1	sì	四		vier
2	sìshí	四十		vierzig
3	sìshísì	四十四		vierundvierzig
4	sìshísì zhī	四十四隻	四十四只	vierundvierzig (Stück)
5	sìshísì zhī shí	四十四隻石	四十四只石	vierundvierzig steinerne
6	sìshísì zhī shí shīzi	四十四隻石獅子	四十四只石狮子	vierundvierzig steinerne Löwen

3.11.3

1	Sìchuān	四川		Sichuan
2	Rìběn	日本		Japan
3	Zhìlì	智利		Chile
4	Ruìshì	瑞士		Schweiz
5	Bǐlìshí	比利時	比利时	Belgien
6	Éluósī	俄羅斯	俄罗斯	Russland
7	Mòsīkē	莫斯科		Moskau

3.12.2

1	Qǐng ba.	請吧。	请吧。	Bitte (schön).
2	Qǐng jìn.	請進。	请进。	Treten Sie ein.
3	Qǐng zuò.	請坐。	请坐。	Nehmen Sie Platz.
4	Qǐng wèn ...	請問 ...	请问 ...	Können Sie mir sagen ...

3.12.3

1	Qīnghǎi	青海		Qinghai
2	Jǐnán	濟南	济南	Jinan
3	Shàoxīng	紹興	绍兴	Shaoxing
4	Běijīng	北京		Beijing
5	Nánjīng	南京		Nanjing
6	Dōngjīng	東京	东京	Tokyo
7	Qīngdǎo	青島	青岛	Qingdao
8	Xī'ān	西安	西安	Xi'an
9	Qūfù	曲阜		Qufu
10	Chóngqìng	重慶	重庆	Chongqing

3.13.2

1	Duō xiè!	多謝！	多谢！	Vielen Dank!
2	Xièxie!	謝謝！	谢谢！	Vielen Dank!
3	Xièxie nǐ!	謝謝你！	谢谢你！	Ich danke dir!
4	Bié kèqi!	別客氣！	别客气！	Nichts zu danken!
5	Bú yào kèqi!	不要客氣！	不要客气！	Nichts zu danken!
6	Bú yòng kèqi!	不用客氣！	不用客气！	Nichts zu danken!
7	Zài jiàn!	再見！	再见！	Auf Wiedersehen!
8	Míngtiān jiàn!	明天見！	明天见！	Bis morgen!
9	Wǎnshang jiàn!	晚上見！	晚上见！	Bis heute Abend!

Übung 3.13.3 Ein Merkspruch zu den Urkaisern und den Dynastien bis zur Republik. Bitte sprechen Sie nach.

Sānhuáng Wǔdì Xià Shāng Zhōu	三皇五帝夏商周	三皇五帝夏商周
Chūnqiū Zhànguó Qín Hàn liú	春秋戰國秦漢流	春秋战国秦汉流
Sānguó Wèi Jìn Nánběi Suí	三國魏晉南北隋	三国魏晋南北随
Táng Sòng Yuán Míng Qīng Mín shōu	唐宋元明清民收	唐宋元明清民收

3.13.4

1	Nǐ gěi le yóuqián,	你給了油錢,	你给了油钱,	Geld fürs Öl hast du gegeben,
2	méi gěi ròuqián.	沒給肉錢。	没给肉钱。	Geld fürs Fleisch hast du nicht gegeben.

3.13.5

1	Tiānjīn	天津		Tianjin
2	Liáoníng	遼寧	辽宁	Liaoning
3	Chángjiāng	長江	长江	Yangzi
4	Xīnjiāng	新疆		Xinjiang
5	Xīnxiāng	新鄉	新乡	Xinxiang
6	Quánzhōu	泉州		Quanzhou
7	Jiāngxī	江西		Jiangxi
8	Yěmén	也門	也门	Yemen
9	Cháoxiǎn	朝鮮	朝鲜	(Nord-)Korea
10	Yàzhōu	亞洲	亚洲	Asien

3.14.2

	Pinyin	Lang-zeichen	Deutsch
1	yī	一	eins
2	èr	二	zwei
3	sān	三	drei
4	sì	四	vier
5	wǔ	五	fünf
6	liù	六	sechs
7	qī	七	sieben
8	bā	八	acht
9	jiǔ	九	neun
10	shí	十	zehn
11	shíyī	十一	elf
12	shí'èr	十二	zwölf
13	shísān	十三	dreizehn
14	shísì	十四	vierzehn
15	shíwǔ	十五	fünfzehn
16	shíliù	十六	sechzehn
17	shíqī	十七	siebzehn
18	shíbā	十八	achtzehn
19	shíjiǔ	十九	neunzehn
20	èrshí	二十	zwanzig

3.14.3

	Pinyin	Lang-zeichen	Kurz-zeichen	Deutsch
1	yì zhāng zhuōzi	一張桌子	一张桌子	ein Tisch
2	yì tái shōuyīnjī	一台收音機	一台收音机	ein Radio
3	yì běn shū	一本書	一本书	ein Buch
4	yí shàn chuānghu	一扇窗戶		ein Fenster
5	yí ge běnzi	一個本子	一个本子	ein Heft

3.14.4

1	nǎr	哪兒	哪儿	wo
2	nàr	那兒	那儿	dort
3	zhèr	這兒	这儿	hier
4	jìnr	勁兒	劲儿	Kraft, Energie
5	wánr	玩兒	玩儿	spielen
6	hǎo wánr	好玩兒	好玩儿	unterhaltsam sein
7	yìdiǎnr	一點兒	一点儿	ein bisschen
8	yíhuìr	一會兒	一会儿	ein Augenblick
9	yíkuàir	一塊兒	一块儿	zusammen

3.14.5

In Nordchina zu hören

	Pinyin	Lang-zeichen	Kurz-zeichen	Deutsch
1	wánr	玩兒	玩儿	spielen
2	hǎo wánr	好玩兒	好玩儿	unterhaltsam sein
3	yìdiǎnr	一點兒	一点儿	ein bisschen

4	yíkuàir	一塊兒	一块儿	zusammen
5	nǎr	哪兒	哪儿	wo
6	nàr	那兒	那儿	dort
7	zhèr	這兒	这儿	hier

In Südchina zu hören

	Pinyin	Lang-zeichen	Kurz-zeichen	Deutsch
1	wán	玩		spielen
2	hǎo wán	好玩		unterhaltsam sein
3	yìdiǎn	一點	一点	ein bisschen
4	yíkuàir	一塊兒	一块儿	zusammen (siehe unten)
5	nǎli	哪裏	哪里	wo
6	nàli	那裏	那里	dort
7	zhèli	這裏	这里	hier
häufiger	yìqǐ	一起		zusammen

3.14.6

1	Ài'ěrlán	愛爾蘭	爱尔兰	Irland
2	Tǔ'ěrqí	土耳其	土耳其	Türkei
3	Mǎ'ěrtā	馬爾他	马耳他	Malta
4	Níbó'ěr	尼泊爾	尼泊尔	Nepal
5	Mǎ'ěrdàifū	馬爾大夫	马尔代夫	Malediven
6	Ā'ěrbāníyà	阿爾巴尼亞	阿尔巴尼亚	Albanien

3.15

Meng Haoran 孟浩然 (um 690–740)

Chūn xiǎo	**春曉**	**春晓**
Chūn mián bù jué xiǎo	春眠不覺曉	春眠不觉晓
chù chù wén tí niǎo	處處聞啼鳥	处处闻啼鸟
yè lái fēng yǔ shēng	夜來風雨聲	夜来风雨声
huā luò zhī duō shǎo	花落知多少	花落知多少

Frühlingsdämmerung

Im Frühling schlief ich, bemerkte die Dämmerung nicht.
Schon lassen die Vögel ihr Lied im Wechsel erschallen.
Es tönte der Wind, der Regen seit Einbruch der Nacht,
Ich weiß, da sind die Blüten in Menge gefallen.

Deutsch von Günther Debon
(aus: *Herbstlich helles Leuchten überm See*, S.41)

Li Bai 李白 (701–762)

Jìng yè sī	靜夜思	静夜思
Chuáng qián míng yuè guāng	床前明月光	床前明月光
yí shì dì shàng shuāng	疑是地上霜	疑是地上霜
jǔ tóu wàng míng yuè	舉頭望明月	举头望明月
dī tóu sī gù xiāng	低頭思故鄉	低头思故乡

Sehnsucht in einer stillen Nacht

Vor meinem Lager glänzt des Mondes Schein.
Mir ist, als wärs auf dämmernder Erde der Reif.
Ich hebe den Kopf – blick in den hellen Mond,
Ich senke den Kopf und bin in Gedanken daheim.

Übersetzung von Günther Debon
(aus: Li Tai-bo: *Rausch und Unsterblichkeit*, S. 100)

4 Einführung in die Schrift

4.1 Einige allgemeine Bemerkungen

Als die chinesische Schrift im 16. und 17. Jahrhundert europäischen Gelehrten bekannt wurde, rätselten sie über deren Eigenart und Herkunft. Die chinesischen Schriftzeichen seien Hieroglyphen, hieß es im 17. Jahrhundert, später sprach man von Ideogrammen, um die chinesische Schrift von den ägyptischen Hieroglyphen zu unterscheiden. Noch im 20. Jahrhundert stritten Wissenschaftler über Termini wie ideographische Schrift, Begriffsschrift, Wortschrift, Logogramme.

Die chinesische Tradition machte es sich da viel einfacher. Sie schrieb die Erfindung der Schrift, wie so vieles, einer mythischen Herrschergestalt namens Fuxi zu. Dieser habe zunächst, für Zwecke der Orakelbefragung, die acht Trigramme geschaffen, die aus durchgehenden und unterbrochenen Strichen bestehen, aus denen sich dann die Schrift entwickelt habe. Nach einer anderen Überlieferung soll es einen Schrifterfinder namens Cang Jie gegeben haben, der auf diesen Gedanken kam, als er die Spuren von Hühnern und Vögeln im Sand gesehen habe. Die Übersetzung seines Namens lautet „Speicherknoten" oder „gespeicherte Knoten". Er könnte darauf hindeuten, dass ein – auch anderen Völkern bekanntes – System von Knotenschnüren als Erinnerungshilfe am Beginn der Schriftentwicklung stand.

Was aber macht das Wesen der chinesischen Schriftzeichen aus, was bilden sie ab? Schriftzeichen schreiben Silben, d.h. in der Regel steht jedes Schriftzeichen für eine bedeutungstragende Silbe – und nicht für ein Wort, wie viele westliche Wissenschaftler fälschlich annahmen. Sie folgten der These von der Monosyllabilität der chinesischen Sprache, die von dem großen Sprachforscher John DeFrancis längst wiederlegt wurde. Nicht einmal in der Periode des Klassischen Chinesisch, die etwa vom 5. bis 3. Jahrhundert v. Chr. währte, entsprach ein Schriftzeichen jeweils einem Wort, auch wenn viele Wörter damals einsilbig waren. In den folgenden Jahrhunderten, vor allem seit Beginn des letzten, stieg die Zahl der zwei-, drei- und viersilbigen Wörter kontinuierlich an. Die Schrift konnte mit dieser Veränderung der gesprochenen Sprache nicht Schritt halten, die Beziehung zwischen Schriftzeichen und Wort wurde immer mehr gelockert. In der heutigen Hochsprache kann ein Schriftzeichen für ein Wort, für eine Silbe in einem mehrsilbigen Wort, für ein Morphem, also die kleinste selbständige bedeutungstra-

gende Einheit, stehen oder für eine Partikel, die nur eine grammatische Funktion hat und nicht mit einem Wort übersetzt werden kann.
In der Mehrzahl der Fälle steht ein Schriftzeichen für eine bedeutungstragende Silbe, und seine Bedeutungen sind meist zahlreich, denn Sprache verändert sich, den sich verändernden gesellschaftlichen und kulturellen Bedingungen folgend. Neue Phänomene werden mit neugebildeten Wörtern bezeichnet, aber auch mit bereits existierenden, die eine neue Bedeutung erhalten. Das erklärt die Bedeutungsfülle, die viele Schriftzeichen heute repräsentieren. In Wörterbüchern finden sich unter den einzelnen Schriftzeichen häufig ein Dutzend, manchmal noch mehr Bedeutungen, die von der Entwicklung der Sprache im Lauf der vergangenen 3000 Jahre zeugen. Daher muss die Frage, was hinter einem einzelnen Schriftzeichen stehe, eigentlich immer mit einer Gegenfrage beantwortet werden: Vor 2500 Jahren, zu Zeiten des Konfuzius? Vor 1400, 1200 Jahren, in der Tang-Zeit? Vor 100 Jahren, gegen Ende des Kaiserreichs? In den 20er Jahren des letzten Jahrhunderts? In der heutigen Jugendsprache?
Eine weitere Besonderheit der chinesischen Schrift ist, dass sie zwar nicht zu denjenigen gehört, die mit einer Abfolge von Buchstaben bestimmte Laute darstellten. Und doch enthält die große Mehrheit der Schriftzeichen lautanzeigende Elemente, die heute allerdings nicht mehr in allen Fällen nachzuvollziehen sind. Als die chinesische Schrift erfunden wurde, war die Sprache lautlich viel differenzierter. Die in den folgenden Jahrhunderten zu beobachtende lautliche Verarmung, die auch auf den Einfluss von nichtchinesischen Völkern und ihren Sprachen zurückgeht, hatte für das Miteinander von Sprache und Schrift Folgen. Immer mehr Homophone entstanden, das heißt, immer mehr Schriftzeichen, die früher ganz unterschiedlich ausgesprochen wurden, lauteten gleich.
Von den mehr als 50000 Schriftzeichen, die in den großen Wörterbüchern verzeichnet sind, werden heute sechs- bis siebentausend häufig gebraucht. Unter den anderen finden sich Schreibvarianten eines Schriftzeichens und solche, die vor allem Archäologen, Altertumswissenschaftler, Historiker usw. beschäftigen. Zum Lesen einer Zeitung genügt ein Grundschatz von zwei- bis dreitausend Schriftzeichen.

4.2 Die Anfänge der chinesischen Schrift

Schrift ist die sichtbare Darstellung von Sprache, sie ist ein System graphischer Zeichen zum Zweck menschlicher Kommunikation. Ihre Erscheinung ist an eine hoch entwickelte und differenzierte Gesellschaft gebunden, wohl auch an die Erfordernisse der Organisationsform Stadt.

Unter den heute gebräuchlichen Schriftsystemen stellen die chinesischen Schriftzeichen das älteste dar. Einige chinesische Wissenschaftler vertreten sogar die Ansicht, dass die Schrift, eine der genialsten Schöpfungen der Menschheit, etwa 6500 v. Chr. in China erfunden wurde – noch vor der Hieroglyphenschrift der Ägypter und der Keilschrift der Sumerer. Sie deuten 8500 Jahre alte Ritzungen auf steinzeitlichen Tongefäßen als die Anfänge einer Schrift. Andere Wissenschaftler widersprechen ihnen. Es handele sich hier nur um einzelne Töpfermarken, deren Bedeutung nicht zu entschlüsseln sei. Gesichert ist nur, dass ein voll entwickeltes Schriftsystem im 13. Jahrhundert v. Chr. in China ausgebildet war, während der Herrschaft der Shang-Dynastie (ca. 1600 bis ca. 1050 v. Chr.). Zeugnis hiervon geben die sogenannten Orakelknochen. Es handelt sich um die Bauchpanzer von Schildkröten und um Tierknochen, in die Fragen an das Orakel geritzt wurden, dazu die Antworten und deren Auslegung. Hunderttausende Fragmente solcher Orakelinschriften sind seit dem späten 19. Jahrhundert entdeckt worden. 3000 bis 4000 Schriftzeichen finden sich in diesen Inschriften, erst zwei Drittel von ihnen sind bislang entschlüsselt worden. Sie werden als Orakelknochenschrift (*jiăgŭwén*) bezeichnet.

亚 寞 [illegible] [illegible]

Bronzeinschrift

Die Bronzekultur der Shang-Herrschaft brachte zahlreiche Sakral- und Alltagsgefäße hervor. Auch diese tragen manchmal kurze Inschriften, deren Zeichen in vielen Fällen noch nicht entschlüsselt sind. Manche Forscher sehen in diesen Schriftzeichen die Norm und vermuten, dass die Sprödigkeit der Orakelknochen zu eigenen Schreibformen geführt hat.

Die Shang-Dynastie wurde von einem Volk aus dem Westen besiegt, das die Dynastie der Zhou (ca. 1050 bis 221 v. Chr.) gründete. Ihre Herrscher folgten anderen religiösen Vorstellungen, so verschwanden die Orakelinschriften. Die Bronzekultur der Shang hingegen entwickelten die Zhou weiter, ebenso die Schrift. Als Beleg hierfür dienen die Texte auf den Bronzegefäßen. Die anfangs unregelmäßige Zeilenführung der immer länger werdenden Inschriften wurde allmählich vereinheitlicht: Jede Zeile bot die gleiche Anzahl von Schriftzeichen und diese hatten die gleiche Größe und eine quadratische Form. Nicht nur das Schriftbild, auch der Duktus der Schriftzeichen veränderte sich. Die Rundungen und Verdickungen, die für die Bronzeinschriften der Shang typisch waren, wichen feineren Strichen. Hier bildeten sich bereits wesentliche Prinzipien der späteren chinesischen Schriftkultur aus, die bis ins 20. Jahrhundert hinein Gültigkeit besitzen sollten.

Während der Zhou-Herrschaft kamen neue Schriftträger auf: Siegel, die von einer wachsenden Bürokratisierung der Gesellschaft zeugen, Seidenstoffe, Bambusleisten, wohl auch Holztäfelchen, mit der Erzeugung von Eisen schließlich Münzen, die die Schrift unters Volk brachten. Schreibgerät war der Pinsel, der möglicherweise wie die Tusche schon länger in Gebrauch war, als die archäologischen Funde nahe legen. Im Westen erstarkte ein neuer Staat, der innerhalb von 200 Jahren die gesamte Welt des alten China eroberte und im Jahre 221 v. Chr. das Reich einte. Qín Shǐ Huángdì, der erste Kaiser der Qin-Dynastie (221 bis 206 v. Chr.) und der Erste Kaiser Chinas, vereinheitlichte durch einen beispiellosen Kraftakt im ganzen Reich die Maße, Gewichte, Münzen, Wagenspurbreiten – und die Schrift.

In einem Zeitraum von 1 000 Jahren hatten sich regional unterschiedliche Schreibstile ausgebildet, in den Schulen der Schreiber wie in den Alltagsschriften. Auch die Struktur der unterschiedlichen Schriftträger beeinflusste das Schriftbild. Die in den Bronzeinschriften überlieferten Stilvarianten werden traditionell unter dem Begriff „Große Siegelschrift" (*dàzhuàn*) zusammengefasst. Die neue, vereinheitlichte Schrift, die häufig als „Kleine Siegelschrift" (*xiǎozhuàn*) bezeichnet wird, sieht anders aus. Die Linienführung ist klarer und einfacher, jedes Schriftzeichen hat seinen abgemessenen Raum – wie der Mensch seinen ihm zugemessenen Platz in diesem Staat. Mit der Vereinheitlichung der Schrift endet die erste große Epoche in der Entwicklung der chinesischen Schrift.

4.3 Die Struktur der Zeichen

Die Staatenvielfalt auf dem Boden des heutigen China bis zum Einigungsjahr 221 v. Chr. hatte zahlreiche regionale Schreiberschulen und Schriftvarianten hervorgebracht. Da ist es nachvollziehbar, dass der Erste Kaiser ein einheitliches Schriftsystem im ganzen Reich durchsetzen wollte. Er tat es mit Hilfe eines Wörterbuchs, eigentlich Schriftzeichenbuchs, das nach Untergang der Qin-Dynastie aus der Überlieferung ausschied. Die Kompilatoren dieses Wörterbuchs müssen sich Gedanken über die Strukturen der Schriftzeichen gemacht haben, über die Beziehung zwischen Schriftzeichen und gesprochenem Wort, vielleicht auch über die Schrift an sich. Vermutlich hat es noch ältere Werke zur chinesischen Schrift gegeben, doch wir kennen sie nicht und wissen nicht, wie die Schriftreformer unter dem Ersten Kaiser vorgingen.

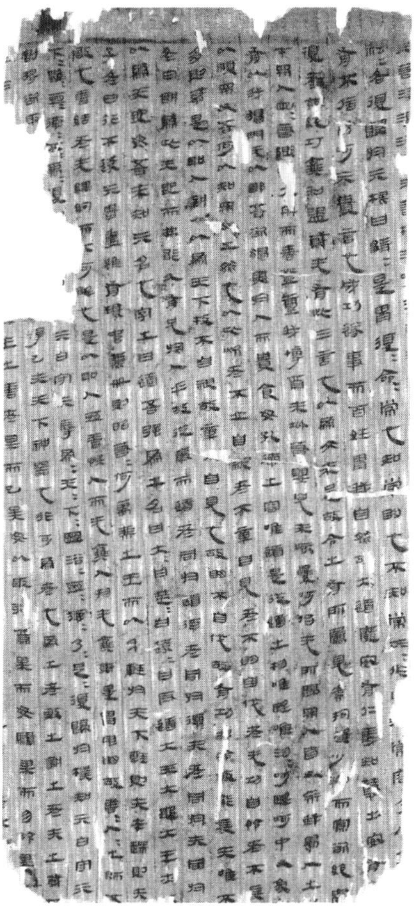

Seidenmanuskript aus der Han-Zeit

Das erste überlieferte Wörterbuch, das sich mit der Untersuchung der Schriftzeichen befasst, stammt von dem großen Philologen Xǔ Shèn. Er schloss es im Jahr 100 n. Chr. ab, legte es aber erst mehr als zwanzig Jahre später dem Thron vor. Er nannte es *Shuōwén jiězì* (kurz *Shuowen*), „Erklärung der einfachen Schriftzeichen und Erläuterung der zusammengesetzten Schriftzeichen", wie der Titel gemeinhin übersetzt wird. Beim Nachdenken über die Struktur der Zeichen war ihm aufgefallen, dass viele von ihnen gemeinsame Elemente besitzen, die jeweils in ungefährer Weise auf die Bedeutung eines Schriftzeichens hinweisen. Schriftzeichen etwa, die Wörter für Baum, Wald oder Gegenstände aus Holz schreiben, enthalten das Element 木 (Baum, Holz). Unter den fast zehntausend Schriftzeichen, die Xǔ Shèn gesammelt hatte, fand er 540 solcher Grundelemente und nahm sie als Ordnungsprinzip. Diese Grundelemente werden im Chinesischen *bùshǒu*, Klassenhaupt, genannt, im Deutschen als Radikale bezeichnet (vgl. **4.7**).

Die von Xǔ Shèn zusammengestellten Radikale bilden noch immer ein wichtiges Ordnungsprinzip in heutigen Wörterbüchern, wenn auch ihre Zahl verringert wurde. Mehr als anderthalb tausend Jahre später beauftragte Kaiser Kāngxī (reg. 1662 – 1722) eine Gelehrtenkommission damit, ein neues Standardwörterbuch zu schaffen. Es wurde Anfang des 18. Jahrhundert fertiggestellt, bot Erläuterungen zu 47 000 Schriftzeichen – und nur noch 214 Radikale. Die Gelehrten waren bei dem Versuch, die Zahl der Radikale zu verringern, um die Handhabung des Wörterbuchs zu erleichtern, vor allem graphischen Aspekten gefolgt. Dadurch wurden allerdings semantische Bezüge, die im Ordnungssystem von Xǔ Shèn zu erkennen waren, verwischt. In den 1950er Jahren wurde die Zahl der Radikale im Zuge der Schriftreform in der Volksrepublik China noch einmal verringert, auf 186.

Xǔ Shèn entwickelte im ersten Jahrhundert n. Chr. nicht nur sein Ordnungsprinzip für die Schriftzeichen, sondern machte auch Gebrauch von sechs Kategorien von Schreibungen, die *liùshū*, wörtlich: die sechserlei Schreibungen. 1. *xiàngxíng* „Abbildung und Gestalt“, 2. *zhǐshì* „Hinweis auf die Sache/den Sachverhalt“, 3. *huìyì* „Sinnzusammensetzungen“, 4. *zhuǎnshù* „Bedeutungsabwandlungen“, 5. *jiǎjiè* „Entlehnungen“, 6. *xiéshēng* „Lautliche Übereinstimmungen (frühere Bezeichnung: *xíngshēng* „Gestalt und Laut“).

Andere vor ihm hatten ganz ähnliche Kategorisierungen getroffen, doch ohne seine Konsequenz. „Sechserlei Schreibungen“, das wurde fälschlich so verstanden, als habe Xǔ Shèn sechs Phasen in der Entwicklung der Schrift unterscheiden wollen, also die chronologische Entwicklung der Schrift dargestellt. Tatsächlich kategorisierte er lediglich die ihm bekannten Wörter nach Art ihrer Schreibung. Vier der sechs Kategorien geben auch Auskunft darüber, wie ein Schriftzeichen gebildet wird, nämlich die erste bis dritte und die sechste. Die anderen beiden, die vierte und fünfte, geben an, wie ein Wort geschrieben wird und wie ein einmal erfundenes Schriftzeichen verwendet wird.

Diese Kategorien werden in China heute noch im Schulunterricht behandelt, wenn auch in einer verkürzten Version. Die vierte und die fünfte Kategorie gelten als Sonderform, weil sie die Verwendung von Schriftzeichen benennen. Daher lernen chinesische Schüler meist vier Kategorien zur Schreibung von Wörtern kennen.

In Anlehnung an die Ausführungen des deutschen Sinologen Ulrich Unger lassen sich die traditionellen sechs Kategorien wie folgt charakterisieren:

1. 象 形 *xiàngxíng* „Abbildung der Gestalt“

Diese Kategorie enthält Bildzeichen (piktographische Schriftzeichen), die konkrete Dinge abbilden und deren frühe Formen heute noch zu erkennen oder zu erahnen sind. Das Wort für ein Ding wird also durch das Bild dieses Dinges geschrieben:

Zeichen	alte Form	heutige Form
Sonne		日
Mond		月

Die Schriftzeichen dieser Gruppe machen nur einen verschwindend geringen Teil der Gesamtzahl der bekannten Schriftzeichen aus. Ihnen verdankt die chinesische Schrift den falschen Ruf, eine „Bilderschrift“ zu sein.

2. 指事 *zhǐshì* „Hinweis auf die Sache/den Sachverhalt“

Abstrakte, bildlich nicht direkt wiederzugebende Begriffe werden durch Symbole angedeutet.
Beispiele sind die Schriftzeichen für „oben“ und „unten“, die ursprünglich mit zwei Strichen geschrieben wurden, einem längeren Bezugsstrich und einem kürzeren, der das oben und unten bezeichnet. Die beiden Schriftzeichen sind offenbar unter Beziehung aufeinander erfunden worden:

Zeichen	alte Form	heutige Form
oben		上
unten		下

In dieser Kategorie finden sich wohl noch weniger Schriftzeichen als in der ersten.

3. 會意 *huìyì* „Sinnzusammensetzungen"

Schriftzeichen dieser Kategorie bestehen aus zwei oder – seltener – mehr Schriftzeichen, die zu einem neuen Schriftzeichen zusammengesetzt werden. Dieses Schriftzeichen stellt einen Begriff dar, der, so Unger, „gewissermaßen zwischen den durch die einzelnen Elemente repräsentierten Begriffen liegt."
Auf den ersten Blick sind viele dieser Zusammensetzungen unmittelbar einleuchtend:
Zwei Bäume (木) schreiben das Wort für „Wald" (林). Frau (女) und Kind, eigentlich Sohn (子), geben zusammen die Schreibung des Wortes für „gut" bzw. „lieben" an (好). Es ist gut, wenn eine Frau ein Kind (oder einen Sohn) hat, lautet die übliche Erklärung. Vielleicht geht es aber auch jemandem gut, der Frau und Kind hat. Oder die Art, wie eine Frau liebevoll mit ihrem Kind umgeht, ist gut. Solche Deutungen sind als Merkhilfen hilfreich beim Erlernen der Schriftzeichen, doch sollte man daran denken, dass diese Formen zur Zeit ihrer Erfindung wohl ganz anders verstanden wurden. Welches Wort jeweils gemeint ist, beruht auf Konvention.

4. 轉注 *zhuǎnzhù* „Bedeutungsabwandlungen"

Es ist unklar, welche Kategorie von Schriftzeichen gemeint ist. Manche Forscher vermuten etymologische Zusammenhänge. Als Beispiel sollen die Schriftzeichen 老 (heutige Aussprache: lǎo) und 考 (heutige Aussprache: kǎo) dienen, die sich durch einen einzelnen Strich voneinander unterscheiden. Das erste Schriftzeichen steht für das Wort „alt", das zweite für „Alter, langes Leben", euphemistisch für den verstorbenen Vater (der Verewigte) gebraucht. Später wurde das zweite Zeichen dann als Lehnzeichen für das Wort prüfen verwendet.

5. 假借 *jiǎjiè* „Entlehnungen"

Die fünfte Kategorie enthält Schriftzeichen, die zur Schreibung eines Wortes entlehnt wurden, für das es kein Schriftzeichen gab. Das Possessivpronomen der dritten Person Singular „sein, ihr" beispielsweise ließ sich nicht einfach als Bild darstellen. Da nahmen Schreiber ein bereits existierendes Schriftzeichen, das für ein anderes Wort erfunden wurde, 其 nämlich für das Worfelsieb, mit dem die Spreu vom Weizen getrennt wurde, und das ähnlich oder gleich klang wie das Wort für „sein, ihr". Dieses Schriftzeichen begegnet uns gleich erneut in der 6. Kategorie.

6. 諧聲 *xiéshēng* „Lautliche Übereinstimmungen“ (frühere Bezeichnung 形聲 *xíngshēng* „Gestalt und Laut“)

Die Schriftzeichen dieser Kategorie bestehen jeweils aus einem Element, das auf die Bedeutung hinweist (Significum) und einem lautanzeigenden Element (Phoneticum). Der Lautanzeiger ist ein Schriftzeichen, das ein gleich oder ähnlich klingendes Wort darstellt. Der Bestandteil des Schriftzeichens, der auf die Bedeutung hinweist, wird durch ein Schriftzeichen dargestellt, mit dem das Wort der Bedeutung nach verwandt ist. Dieser Bedeutungsanzeiger ist jeweils Radikal des Schriftzeichens.
Als Beispiel soll noch einmal das Worfelsieb aus der 5. Kategorie dienen, das zur Schreibung eines anderen Wortes, für das es kein Schriftzeichen gab, herangezogen wurde. Wie konnten Missverständnisse vermieden, wie konnte die Formulierung „sein Worfelsieb“ geschrieben werden? Da fügten die Schreiber dem ursprünglichen Zeichen für Worfelsieb 其 das Significum Bambus 竹 hinzu, denn das Worfelsieb war aus Bambusstreifen geflochten. So schufen sie das neue Schriftzeichen 箕. Der überwiegende Teil der Schriftzeichen ist nach diesem Prinzip, welches auch Rebusprinzip genannt wird, gebildet. Es ermöglichte, alle Wörter, auch verschiedene Wörter für gleiche oder ähnliche Begriffe, zu schreiben.
Infolge der im Lauf der Jahrhunderte sich ergebenden Lautveränderungen kann die Aussprache eines Schriftzeichens heute nur noch in manchen Fällen direkt vom phonetischen Bestandteil abgeleitet werden. Der Sprachforscher John DeFrancis führt als Beispiel etwa das Schriftzeichen 馬 (Pferd) an. Es dient einer ganzen Reihe von Schriftzeichen als Phoneticum. In solchen Fällen spricht man von einer phonetischen Serie. Hier eine Auswahl:

Zeichen	Pinyin	Übersetzung	Radikal
媽	mā	Mutter	38 女 (Frau)
螞	mǎ	Ameise	142 虫 (Insekt)
罵	mà	beschimpfen	30 口 (Mund)

Alle diese Schriftzeichen enthalten das Phoneticum 馬 (mǎ) und werden ebenfalls ma ausgesprochen, allerdings nicht im dritten Ton. Das Significum, das hier jeweils als Radikal dient, weist jeweils auf die Bedeutung hin. Die Radikalnummern beruhen auf dem 214er System (s. Radikaltabelle S. 131f.).

Der Sinn solcher Kombinationen von Laut und Bedeutung kann natürlich nicht einfach gedeutet werden. Significum und Phoneticum haben dafür zu unterschiedliche Aufgaben. Trotzdem gehörten und gehören derartige „Interpretationen" zu den beliebten Gesellschaftsspielen von chinesischen Gebildeten. Im 11. Jahrhundert verfasste der große Staatsmann, Dichter und Kalligraph Wāng Ānshí ein solches Deutungsbuch mit dem Titel *Zìshuō*. Das Schriftzeichen 波 bō, „Welle", deutete er so: Das Significum „Wasser" (links im Zeichen) und das Phoneticum „Haut" (rechts davon) stünden für „die Haut des Wassers oder des Flusses". Ein Untergebener, der es wagte, über diesen offensichtlichen Unsinn der Kanzlerdeutung zu spotten, wurde daraufhin in einen fernen Landkreis verbannt.
Auch westliche Zeichenliebhaber versuchen sich gern an solchen Deutungen der zusammengesetzten Schriftzeichen. Sie nennen ihre Interpretationen häufig Zeichenetymologie und vergessen dabei, dass Etymologie stets mit den Lautungen von Wörtern zu tun hat. Man könnte allenfalls von Etymographie sprechen. Als Memorierhilfe aber sind solche Aufschlüsselungen von Schriftzeichenbestandteilen und davon abgeleitete Interpretationen, wie weit hergeholt oder unsinnig sie sein mögen, hilfreich.

4.4 Schrifttypen, Schreibstile und Kalligraphie

Für die chinesische Schrift waren bereits im ersten Jahrtausend ihrer Entwicklung Zierformen ausgebildet worden, die später so anschauliche Namen wie Vogel- oder Kaulquappenschrift erhielten, ihren Eigenheiten entsprechend. Daneben gab es die regionalen Schreibstile, die aus den vielen Staaten vor der Reichseinigung hervorgegangen waren. Vergleichsweise standardisiert hingegen war die sogenannte Große Siegelschrift des chinesischen Altertums. Diese Bezeichnung steht für alle Schriftarten bis zum Ende der Zhou-Dynastie (ca. 1 050 – 221 v. Chr.), die in Bronze- und Steininschriften erhalten sind. Die Kleine Siegelschrift wird häufig als ihre Nachfolgerin bezeichnet, doch sind diese Begriffe und zwei weitere später geschaffen worden, um kalligraphische Stile zu bezeichnen, die bis heute verwendet werden. Rückwirkend wurden sie dann auf die historische Entwicklung der Schrift projiziert. Neuere archäologische Funde zeigen indes, dass nach der Reichseinigung alle vier Schrifttypen ausgebildet und in Gebrauch waren, wenn auch zu unterschiedlichen Zwecken und mit unterschiedlichen Aufgaben. Damit endete die Phase der Enttwicklung von Schrifttypen.

Im Chinesischen werden diese vier Schrifttypen und die Kursivschriften als 六體 *liùtǐ* bezeichnet:

Große Siegelschrift (大篆 *dàzhuàn*)
Kleine Siegelschrift (小篆 *xiǎozhuàn*)
Kanzleischrift (隸書 *lìshū*)
Standard- oder Normschrift (楷書 *kǎishū*)
Halbkursivschrift (行書 *xíngshū*)
Vollkursivschrift, nach ihrer chinesischen Bezeichnung auch „Grasschrift“ (草書 *cǎoshū*) genannt, da sie den Betrachter an vom Wind bewegte Gräser erinnern soll.

Die Kursivschriften spielen wie die anderen vier Schrifttypen bis heute nicht nur in der Kalligraphie eine Rolle. Sie werden u.a. für Siegel, auf Buchumschlägen, in der Werbung gebraucht. Der wohl verbreitetste dieser Schrifttypen ist die Standardschrift *kǎishū*, die als Druckschrift von den chinesischen Grundschülern gelernt und als Computerschriftart häufig für den Druck von Lehrbüchern verwendet wird, während die Kursivschriften bei handschriftlichen Mitteilungen gebraucht werden.
Wie chinesische Grundschüler beginnen alle, die Chinesisch in Wort und Schrift lernen, in der Standardschrift *kaǐshū* Schriftzeichen zu schreiben, Strich für Strich in Druckschrift. Später erst, wenn sie schneller schreiben, werden sie mit der Kursivschrift vertraut, entdecken für sich vielleicht auch die anderen Formen. Kalligraphie-Lexika, die Schriftzeichen in allen sechs Schriftarten und Schreibstilen wiedergeben, können als Lernhilfe und als Anregung für eigene kalligraphische Versuche mit Pinsel und Tusche dienen. Dann wird sich ihnen auch die Kraft und Eleganz der Kalligraphien großer chinesischer Meister erschließen.

Aus: De Francis, John: *The Chinese Language. Facts and Fantasy*, S. 83

4.5 Die Schriftreform in der Volksrepublik China

Vor mehr als 3000 Jahren waren die Schriftzeichen erfunden worden, seit etwa 2000 Jahren – seit Einführung der Standardschrift *kaǐshū* – waren sie fast unverändert in Gebrauch. Dank der Zeichenschrift konnten alle lesekundigen Chinesen im Kaiserreich miteinander kommunizieren, selbst wenn sie aus unterschiedlichen Gebieten des Landes kamen und die von ihnen gesprochenen Regionalsprachen eine mündliche Verständigung unmöglich machten. Der große Verwaltungsapparat des Kaiserreiches hätte ohne dieses Schriftsystem gar nicht funktionieren können, und die großen politischen Gegenspieler Jiǎng Jièshí (Chiang Kai-shek) und Máo Zédōng wären im letzten Jahrhundert ohne die Zeichenschrift nicht in der Lage gewesen, im ganzen Land Anhänger zu gewinnen und diese zu mobilisieren. Weil die Zeichenschrift bis zu einem gewissen Grad von der gesprochenen Sprache unabhängig ist, war und ist sie im Vielvölkerstaat China ein Garant für die kulturelle Einheit und nationale Identität.
Die Nachteile dieses Schriftsystems erkennt jeder, der Schriftzeichen zu lernen beginnt. Unabhängig vom Lebensalter ist der Schriftzeichenerwerb mühevoll und langwierig. Es dauert Jahre, bis man Zeitungen oder ein Gedicht aus der Tang-Zeit lesen und komplexere Texte schreiben kann. Das gilt genauso für chinesische Lerner. Seit Bildungsreformer Ende des 19. Jahrhundert eine stärkere Alphabetisierung der Gesellschaft forderten, galt die Zeichenschrift als Modernisierungshindernis. Unterschiedliche Wege, diese zu reformieren, standen in der Diskussion. Bis in die 1930er Jahre wurden Systeme entwickelt, die auf eine Vereinfachung der Schriftzeichen zielten oder sogar auf ihre Abschaffung: Eine andere Schrift, etwa eine alphabetische Lautschrift, sollte die Schriftzeichen ersetzen.
Erst in den 1950er Jahren fand tatsächlich wieder eine Schriftreform auf chinesischem Boden statt. Die führenden Politiker der 1949 gegründeten Volksrepublik hatten dem Analphabetentum den Kampf angesagt. Langfristig sollte die Zeichenschrift durch eine alphabetische Lautschrift, die Pinyin-Umschrift, ersetzt werden (vgl. hierzu **2.2**). Dieses Fernziel ist längst stillschweigend begraben. Wie die Reformer am Ende des 19. Jahrhundert oder in der ersten Hälfte des 20. Jahrhundert scheiterten die neuen Reformer an der Homophonie des Hochchinesischen. Da die Sprache zudem zu den nicht flektierenden gehört, also weder Konjugation noch Deklination kennt, wären komplexere Texte, ob aus dem 3. Jahrhundert vor Chr. oder dem ersten Jahrzehnt des 21. Jahrhunderts, unverständlich für den Leser. Selbst einfache Dialoge,

wie sie jeder Chinesischlerner aus den ersten Unterrichtsstunden kennt, bieten Probleme, wenn Namen ins Spiel kommen: Nǐ hǎo, Wáng Lì. „Guten Tag, Wang Li." Der Familienname Wang, einer der häufigsten im chinesischsprachigen Raum, ist leicht zu identifizieren. Doch welches Schriftzeichen und welche Bedeutung verbergen sich hinter Lì? Da es keine festgelegten Vornamen wie in anderen Kulturen gibt, sondern persönliche Namen, die im Prinzip aus allen existierenden Schriftzeichen ausgewählt werden können, kommen alle Schriftzeichen in Betracht, welche für die Silbe li im vierten Ton stehen. Selbstverständlich wählen Eltern keine Schriftzeichen mit negativer Bedeutung bei der Namensgebung aus. Andere Schriftzeichen mögen aus familiären oder sonstigen Tabugründen nicht in Betracht kommen, doch es bleiben immer noch genug Möglichkeiten, um eine zweifelsfreie Zuordnung der Silbe lì zu verhindern. In der Pinyin-Schreibung lässt sich nicht einmal entscheiden, ob es sich um einen weiblichen oder männlichen Namen handelt.

Die Abschaffung der Schriftzeichen hätte weitreichende Folgen für das Selbstverständnis der Chinesen. Eine Lautschrift würde sie von ihrem kulturellen Erbe abschneiden, von mehr als 3000 Jahren überlieferten Schriftgutes. Sie würde auch die staatliche Einheit gefährden, denn eine Lautschrift wäre nicht mehr unabhängig von der gesprochenen Sprache, so dass viele regionalsprachliche „Lokalliteraturen" entstünden, eine nordchinesische, eine kantonesische, eine Shanghaier Literatur und so fort, was unter anderem die Abspaltungstendenzen und Unabhängigkeitsbestrebungen einzelner Regionen stärken würde. Die politische Führung der Volksrepublik China hat diese Gefahr längst erkannt. Mit der in den letzten Jahrzehnten erfolgten Rückbesinnung auf das kulturelle Erbe erstarkte das politische und kulturelle Selbstbewusstsein. Die Zeichenschrift wird nicht länger als Modernisierungshindernis angesehen, sondern als integraler Bestandteil der chinesischen Kultur. Es geht nicht mehr darum, sich mit einer alphabetischen Lautschrift den westlichen Staaten anzupassen, sondern der chinesischen Sprache und Schrift als Weltsprache Anerkennung zu verschaffen. In diesen Kontext gehören die Chinesischprüfung (*Hànyǔ Shuǐpíng Kǎoshì*, kurz HSK, seit 2010 Neue HSK), die sich in den letzten Jahren auch außerhalb der Volksrepublik China als Qualifikationsnachweis für Chinesischlerner durchgesetzt hat, und die Gründung von Konfuzius-Instituten weltweit, die als Instrument der auswärtigen Kulturpolitik vor allem die Aufgabe haben, die chinesische Sprache zu lehren.

Die Vereinfachung von häufig gebrauchten Schriftzeichen wurde in den 1950er Jahren noch als Übergangslösung auf dem Weg zur Ab-

schaffung der Schriftzeichen betrachtet. Spätestens seit den 1980er Jahren haben die Sprachplaner der Volksrepublik China diesen radikalen Reformschritt ad acta gelegt. Die Umschrift Pinyin gilt nur noch als Hilfsmittel, nicht als möglicher Ersatz für das Zeichensystem.
Die Wissenschaftler, die Mitte des letzten Jahrhunderts beauftragt wurden, häufig gebrauchte Schriftzeichen durch Reduzierung ihrer Einzelstriche zu vereinfachen, folgten dabei im Wesentlichen drei Prinzipien.

1. Komplizierte Schriftzeichen werden durch Kurzformen mit weniger Strichen ersetzt, die bereits seit mehr als 1 000 Jahren in der Kursivschrift, also in handschriftlicher Schreibung, üblich waren. Das Schriftzeichen für die Zahl 10.000 萬 ist ein prägnantes Beispiel. Das Schriftzeichen mit dreizehn Strichen in traditioneller Form wird in der Kurzform mit nur noch drei Strichen geschrieben: 万.

traditionelle Form	Kursivschrift	vereinfachte Form
見	[illegible]	见
車	[illegible]	车
間	间	间

2. Komplizierte Schriftzeichen werden durch gleich oder ähnlich auszusprechende Schriftzeichen ersetzt, die weniger Striche besitzen. Das Schriftzeichen 后 hòu etwa steht für das Wort Kaiserin oder Königin, das homophone Schriftzeichen 後 für das Wort hinten, hinter. Das zweite Schriftzeichen mit seinen neun Strichen wurde durch das erste Schriftzeichen ersetzt, das mit sechs Strichen auskommt. In den Wörterbüchern mit Kurzzeichen finden sich unter dem Eintrag 后 hòu zunächst die Bedeutungen, die sich auf das Schriftzeichen 後 beziehen (hinten, hinter; nach, danach; Nachkommenschaft), dann erst folgt die ursprüngliche Bedeutung Kaiserin, Königin.

3. Komplizierte Schriftzeichen werden durch Kurzformen ersetzt, die eigens erfunden oder zuvor sehr eingeschränkt verwendet wurden. Zu den Erfindungen gehört die Kurzform 听 mit sieben Strichen, während die traditionelle Form 聽, die für das Wort hören steht, aus 22 Einzelstrichen besteht.
Eine weitere Vereinfachung bedeutete die Ausschließung von Schriftzeichenvarianten. Es wurde festgelegt, welche Schreibung künftig als

verbindlich gelten sollte. Die Druckversion des Schriftzeichens 眞 etwa wurde gegen die handschriftliche Schreibung 真 ausgetauscht, die aus ebenso vielen Einzelstrichen besteht, aber einfacher zu schreiben ist. Außerdem wurden 54 Radikale in ihrer Strichzahl reduziert.
Von den rund 2200 Schriftzeichen, die in den 1950er Jahren vereinfacht wurden, sind nur etwa 550 nach den oben genannten drei Prinzipien vereinfacht worden. Drei Viertel machen solche Schriftzeichen aus, in denen nur dar Radikal vereinfacht wurde. Das Schriftzeichen 言, das für „Worte", „sprechen" steht, kennzeichnet als Radikal viele Schriftzeichen, die diesem Bedeutungsfeld zuzuordnen sind. In der vereinfachten Form, die auf eine handschriftliche Kurzform zurückgeht, blieben von den sieben Strichen zwei übrig: 讠. Viele Schriftzeichen mit diesem Radikal wurden vereinfacht, indem dessen reduzierte Form die traditionelle ersetzte:

traditionelle Form	vereinfachte Form
訂	订
說	说
語	语
課	课

Auch wer nicht mit chinesischen Schriftzeichen vertraut ist, sieht sofort den Unterschied zwischen den komplizierten traditionellen und den vereinfachten neuen Formen. Untersuchungen zufolge sollen die vereinfachten Schriftzeichen chinesischen Kindern ebenso wie Erwachsenen, die nicht lesen und schreiben können, den Schrifterwerb erleichtern. Sie sind auch schneller zu schreiben. Diese Vorteile machen allerdings häufig gleichzeitig die Nachteile der vereinfachten Schriftzeichen aus. Viele Kurzformen sehen ähnlich aus, etwa 儿 und 几 (in traditioneller Schreibung 兒 und 幾). Sie sind beim Lesen und Schreiben leicht zu verwechseln. Ein anderer Nachteil ist, dass die Vereinfachung häufig zu Lasten der Beziehung zwischen Laut und Bedeutung bei den Schriftzeichen ging, die nach traditioneller Einteilung zur sechsten Kategorie von Schreibungen gehören, den *xiéshēng* oder *xíngshēng* (vgl. **4.3**). In anderen Fällen wurden Elemente, die auf die Bedeutung eines Schriftzeichens hinweisen und dadurch helfen, sich ein Schriftzeichen einzuprägen, gegen solche ausgetauscht, die weniger Striche besitzen, aber nicht unbedingt als Merkhilfe dienen. Nehmen wir das oben angeführte Schriftzeichen 聽, das links oben das Element 耳 (Ohr) zeigt, passend zur Bedeutung „hören". In der vereinfachten Form 听 wurde

das „Ohr“ durch den weniger einprägsamen „Mund“ 口 ausgetauscht.
Obwohl viele Intellektuelle in der Volksrepublik China der Schriftreform kritisch gegenüberstanden, wurde die Verwendung von *jiǎntǐzì*, von vereinfachten Schriftzeichen, Kurzzeichen, zügig durchgesetzt. Nach einer Probephase wurde die erste Liste mit 230 vereinfachten Schriftzeichen am 1. Februar 1956 für Druckereien und für Behörden verbindlich, wenig später folgte eine zweite Liste mit 285 vereinfachten Schriftzeichen und die Liste mit 54 vereinfachten Radikalen. Durch den Schulunterricht, durch Zeitungen und Zeitschriften fanden die *jiǎntǐzì*, im Deutschen häufig mit Kurzzeichen wiedergegeben, rasch Verbreitung. Heftig verurteilt wurde die Schriftreform von Politikern und Intellektuellen auf Taiwan, sah man doch das traditionelle kulturelle Erbe dem Untergang geweiht. Dort hielt man an den *fántǐzì* fest, den traditionellen Formen, die im Deutschen häufig als Langzeichen bezeichnet werden.
Den in den 1950er Jahren verbreiteten Kurzzeichenlisten sollten weitere folgen, bis alle Schriftzeichen, die nach Auffassung der Sprachplaner eine Vereinfachung benötigten, in Kurzzeichen umgewandelt worden waren. Von den mehr als 50 000 Schriftzeichen, die in den großen chinesischen Wörterbüchern enthalten sind, werden heute sechs- bis siebentausend häufig verwendet, das heißt, im Alltag, in Schule und Beruf. Daher kündigte die Zentralregierung 1964 einen weiteren Schritt im Reformprozess an. Alle häufig gebrauchten Schriftzeichen sollten vereinfacht und dabei auf zehn oder weniger Einzelstriche reduziert werden. Erst dreizehn Jahre später, nach Ende der sogenannten Kulturrevolution (1966–1976), wurde eine neue Liste von 853 vereinfachten Schriftzeichen veröffentlicht. Die Verwendung von 248 dieser neuen Zeichen wurde sogleich verbindlich, die übrigen sollten zunächst erprobt werden.
Die neuen Kurzzeichen unterschieden sich wesentlich von ihren Vorgängern aus den 1950er Jahren. Letztere gingen vor allem auf das erste Prinzip der Vereinfachung zurück, das oben genannt wurde, nämlich der Verwendung von lange üblichen handschriftlichen Kurzformen. Relativ wenige wurden nach dem zweiten und dritten Prinzip gebildet. Die Kurzzeichen der neuen Liste aus dem Jahr 1977 aber wurden überwiegend nach dem zweiten und dritten Prinzip gebildet, mit einer so konsequenten Reduzierung der Einzelstriche, dass manche gar nicht mehr als Schriftzeichen zu identifizieren waren. Schon die ersten 248 Kurzzeichen stießen auf so große Ablehnung in der Bevölkerung, dass sie bereits nach einem halben Jahr wieder

zurückgezogen wurden. Die Erprobung der übrigen wurde abgebrochen.
Seither ist die Zahl der vereinfachten Schriftzeichen auf dem Stand der 1950er Jahre geblieben. Es ist unwahrscheinlich, dass die alten Reformziele eines Tages wieder aufgenommen und neue Kurzzeichen verbreitet werden. Die Regierung will den Status quo der Schriftreform bewahren, doch das Volk hat längst die Verwendung der traditionellen Formen, der Langzeichen, wiederentdeckt, und das nicht nur im Privatleben. In der Werbung, auf Leuchtreklamen und Speisekarten, in englisch-chinesischsprachigen Stadtplänen für Touristen, selbst auf den Visitenkarten von Regierungsvertretern sind Langzeichen zu sehen. Manchmal bekommt man die Begründung zu hören, die traditionellen Formen seien nun einmal schöner. Manchmal heißt es auch, wegen der „Brüder und Schwestern auf Taiwan", die Kurzzeichen nicht lesen könnten, verwende man Langzeichen. Und bei vielen Jugendlichen gelten sie als *kù'*, cool. Das Schriftzeichen 酷 steht eigentlich für das Wort grausam, wird aber auch verwendet, um das englische Modewort zu schreiben.

4.6 Wörterbücher

Die in der Volksrepublik China durchgeführte Schriftreform hatte auch Auswirkungen auf die Systematik von Wörterbüchern. Im Kaiserreich waren unterschiedliche Typen entwickelt worden. Das im 2. Jahrhundert vor Chr., noch vor der Reichseinigung, zusammengestellte Werk *Ěryǎ* wird manchmal als das früheste erhaltene Wörterbuch bezeichnet, ist aber eigentlich eine Enzyklopädie, die nach Sachgruppen gegliedert ist. Daher gilt das *Shuōwén jiězì* von Xǔ Shèn als das erste chinesische Wörterbuch. Es enthält über 9000 Schriftzeichen, die nach graphischen Grundelementen geordnet sind. 540 solcher Elemente hatte Xǔ Shèn unterschieden. Sie werden als Radikale bezeichnet (vgl. **4.3**).
Am Ende der Ming-Dynastie, die von 1368 bis 1644 währte, wurden die 540 Radikale auf 214 reduziert, um die Benutzung von Lexika zu erleichtern. Diesem Ordnungsprinzip folgte auch das große Zeichenlexikon *Kāngxī zìdiǎn*. Es wurde auf Befehl des Kaisers Kāngxī, der sich in der Rolle eines Förderers der Künste und der Wissenschaften gefiel, kompiliert und 1716 fertiggestellt. Darin finden sich die Bedeutungen und die Verwendungsweise von 47000 Schriftzeichen, nach 214 Radikalen geordnet. Gleichzeitig wurde die Reihenfolge der Radikale auf der Grundlage ihrer Strichzahl festgelegt. Die den einzelnen Radikalen

zugeordneten Schriftzeichen werden nach Anzahl ihrer Einzelstriche angeordnet. Bis heute wird dieses System in vielen Lexika und Lehrbüchern des modernen und vormodernen Chinesisch verwendet, die auf den traditionellen Formen der Schriftzeichen, den Langzeichen, basieren. Die in der Volksrepublik China durchgeführte Schriftreform brachte eine weitere Reduzierung der Radikale auf 186 mit sich (vgl. **4.7**). In den 1920er Jahren wurde ein weiteres System zur Ordnung von Schriftzeichen entwickelt, das sogenannte Vier-Ecken-System, das allerdings wenig Verbreitung fand.

Das Ordnungsprinzip nach Radikalen ermöglicht es, ein Schriftzeichen, dessen Aussprache man nicht kennt, nachzuschlagen. Neben diesem Verfahren kannte die chinesische Tradition auch Lexika, die Wörter nach Lauten anordneten. Im 3. Jahrhundert nach Chr. hatten chinesische Gelehrte eine Methode entdeckt, die Silben der chinesischen Sprache lautlich zu klassifizieren. Sie unterschieden zwischen Anlauten und Auslauten und nahmen letztere als Ordnungskriterium. So entstanden Reimlexika, die Wörter unter Berücksichtigung ihrer Töne in Reimgruppen einteilten und innerhalb jeder Reimgruppe nach Anlauten ordneten. Diese Reimlexika waren nicht nur für die Entwicklung der chinesischen Dichtung von Bedeutung, sie legten auch die Aussprache eines Schriftzeichens fest. Die Forschungen von mehr als 1 000 Jahren gipfelten im Jahr 1716 in der Fertigstellung des *Pèiwén yùnfǔ*, eines Wörterbuchs mit 558 Kapiteln, in denen aus zwei oder drei Schriftzeichen gebildete Wendungen nach Reimen geordnet sind. Das *Pèiwén yùnfǔ* ist wie das aus dem gleichen Jahr stammende Kāngxī-Zeichenlexikon bis heute für die Beschäftigung mit dem traditionellen Schriftgut von Bedeutung.

Im 19. Jahrhundert strömten immer mehr westliche Missionare, Kaufleute, Militärs und Verwaltungsbeamte nach China, die Sinologie wurde in Frankreich und Russland als akademisches Fach etabliert. Damit entstand ein Bedarf an Lehrbüchern der chinesischen Sprache und an zweisprachigen Wörterbüchern. Manche der damals entstandenen Werke werden heute noch von westlichen Sinologen genutzt, die sich mit dem traditionellen China befassen, etwa die *Chinesische Grammatik* von Georg von der Gabelentz oder die Wörterbücher von A. H. Giles und Werner Rüdenberg.

Das Problem, chinesische Laute durch eine phonetische Schrift wiederzugeben, wurde von westlichen Autoren durch Umschriften gelöst, die auf lateinischen Buchstaben und den Lautungen ihrer jeweiligen Muttersprache beruhten, während russische Wörterbücher kyrillische Buchstaben verwendeten. So entstanden verschiedene nationale Umschriftsysteme, die in zweisprachigen Wörterbüchern eine Anordnung der Schriftzeichen nach ihrer Aussprache ermöglichten. Dazu gab es einen auf dem Radikalsystem basierenden Schriftzeichenindex, mit dessen Hilfe die Benutzer Schriftzeichen nachschlagen konnten, deren Aussprache sie nicht kannten. In der ersten Hälfte des 20. Jahrhunderts wurden die unterschiedlichen Lautschriftsysteme im Westen allmählich durch die nach ihren Urhebern benannte Wade-Giles-Umschrift abgelöst.

Nach dem Untergang des chinesischen Kaiserreichs führte die Regierung der neugegründeten Republik China ein System von 39 phonetischen Zeichen (*zhùyīn fúhào*) ein, die – miteinander kombiniert – alle An- und Auslautverbindungen der chinesischen Sprache, also den gesamten Silbenbestand, darstellen. Das System sollte helfen, die neue Nationalsprache (*guóyǔ*) zu verbreiten, und damit auch eine einheitlichen Aussprache, die auf den Lautungen des im Großraum Peking gesprochenen Chinesisch beruhte. Chinesische Schulkinder lernten zunächst anhand dieser phonetischen Zeichen das Schreiben und Lesen, bevor sie an die Schriftzeichen herangeführt wurden. Auf Taiwan werden die Schulanfänger heute noch nach dieser Methode unterrichtet. Zur Zeit seiner Erfindung wurde dieses System phonetischer Zeichen als „Phonetisches Alphabet" (*zhùyīn zìmǔ*) bezeichnet, umgangssprachlich wird es nach den ersten vier Silben der Silbentabelle *Bopomofo* genannt. Taiwanische Wörterbücher zum heutigen Chinesisch, die in der Regel die Schriftzeichen nach dem traditionellen System der 214 Radikale anordnen, bieten im Anhang mehrere Listen, die das Nachschlagen von Schriftzeichen nach ihrer Aussprache anhand verschiedener Umschriftsysteme ermöglichen. Neben dem System der 39 phonetischen Zeichen finden sich seit einigen Jahren auch Indices in der Pinyin-Umschrift. Ebenso enthält die Mehrheit der in der Volksrepublik China veröffentlichten Wörterbücher zum heutigen Chinesisch im Anhang bis heute eine Übersicht über die 39 phonetischen Zeichen und die ihnen entsprechenden lateinischen Buchstaben. Anders als in den taiwanischen Wörterbüchern aber werden die Schriftzeichen hier seit der Schriftreform in den 1950er Jahren nach Aussprachekriterien, nicht nach Radikalen geordnet. Als Lautschrift dient jeweils Pinyin, ob es sich um zweisprachige Wörterbücher oder um chinesische Schriftzeichenlexika handelt. Schriftzeichen, deren Aussprache der Benutzer nicht kennt, werden über einen Schriftzeichenindex erschlossen.

Chinesen, die vor der Schriftreform in den 1950er Jahren Lesen und Schreiben gelernt hatten, fanden das neue vereinfachte Radikalsystem sehr verwirrend. Manche Radikale waren abgeschafft, andere neu er-

funden worden. Die Schriftreformer folgten bei der neuen Systematisierung der Schriftzeichen vorwiegend graphischen Kriterien und vernachlässigten die semantischen Bezüge. So standen viele Schriftzeichen in den neuen Lexika nicht mehr an der vertrauten Stelle, sondern waren anderen oder neu erfundenen Radikalen zugeordnet worden. Auch die Reihenfolge der Radikale entsprach nicht mehr dem gewohnten System.
Die Gewöhnung an das neue Radikalsystem wurde zusätzlich dadurch erschwert, dass die neue Radikalliste von den Wörterbuch-Autoren in der Volksrepublik China nicht als verbindlich betrachtet wird. Manche ändern die Reihenfolge der Radikale, andere ihre Anzahl.
Chinesischlerner, die verschiedene Wörterbücher benutzen, finden das ebenso ärgerlich wie Muttersprachler. Selbst das Standardlexikon der chinesischen Gegenwartssprache, das *Xiàndài Hànyǔ cídiǎn*, hat in der 2005 erschienenen Neuauflage in der Radikalliste Änderungen vorgenommen. Da diese einige Ungereimtheiten beheben, ist zu hoffen, dass in absehbarer Zeit wieder eine für alle neuen Wörterbücher verbindliche Radikalliste entwickelt wird.

4.7 Die Komponenten der Schriftzeichen

Schriftzeichen bestehen aus Einzelstrichen. In der Standardschrift *kǎishū*, die von chinesischen Grundschülern erlernt wird, gilt als Strich jeweils eine Linie, die gezogen wird, ohne den Stift (in der Kalligraphie den Pinsel) vom Papier zu heben. Wie bei den Buchstaben des lateinischen Alphabets sind die Strichrichtung der einzelnen Striche und ihre Reihenfolge durch Konventionen festgelegt. Selbst in den Kursivschriften der Kalligraphie gelten meist diese Regeln, denn noch die kühnsten Abkürzungen und Vereinfachungen setzen die Norm voraus.
Unter den heute gebräuchlichen Schriftzeichen bestehen nur zwei aus einem Einzelstrich: 一 und 乙. Alle anderen weisen zwei, drei und mehr Einzelstriche auf, bis hin zu sehr komplexen Schriftzeichen mit mehr als 30 Einzelstrichen, die allerdings nur in Texten des Klassischen oder Literarischen Chinesisch Verwendung finden.
Bei den Einzelstrichen wird zwischen Grundstrichen, die in einer Schreibrichtung verlaufen, und Varianten dieser Grundstriche, in denen sich die Schreibrichtung ändert, unterschieden. Die oben angeführten Schriftzeichen können hier als Beispiel dienen. 乙 ist eine Variante des Grundstriches 一: Der Strich beginnt horizontal und ändert dann dreimal die Schreibrichtung (vgl. **5.1**).

Wer sich zum ersten Mal Schriftzeichen anschaut, schreckt vor der Fülle unterschiedlicher graphischer Formen zurück. Bei näherem Hinsehen aber wird deutlich, dass Schriftzeichen wiederkehrende graphische Elemente enthalten. Das war bereits Xǔ Shèn vor rund 2000 Jahren aufgefallen, dem Kompilator des ersten Wörterbuches, das überliefert ist. Mit Hilfe dieser Grundelemente ordnete er die rund 10000 Schriftzeichen, die er gesammelt hatte (vgl. **4.2**). Heute noch folgt die Anordnung der einzelnen Schriftzeichen im Schriftzeichenverzeichnis von Wörterbüchern diesem Prinzip, auch wenn die Zahl der Grundelemente im Lauf der Jahrhunderte verringert wurde.
Xǔ Shèn hatte diese Grundelemente *bùshǒu*, „Klassenhaupt", genannt, und so heißen sie noch heute im Chinesischen. Sie geben Hinweise auf die ungefähre Bedeutung eines Schriftzeichens, was heute noch bei vielen Schriftzeichen zu erkennen ist. Das Schriftzeichen 日 (Sonne, Tag) dient als „Haupt" für eine Gruppe von Schriftzeichen, die dieses Grundelement enthalten. Einige Beispiele:

früh	hell, klar	gestern
早	明	昨

Das System von Xǔ Shèn mit 540 Klassenhäuptern wies indes viel genauer auf die Bedeutung der einzelnen Schriftzeichen hin als das vereinfachte System mit 214 Klassenhäuptern, das Anfang des 18. Jahrhunderts unter dem Kaiser Kāngxī entwickelt wurde und heute noch in Wörterbüchern mit den traditionellen Formen der Schriftzeichen (Langzeichen) verwendet wird. Dieses 214er System (auch Kāngxī -System genannt) ist in der Volksrepublik China während der Schriftreform in den 1950er Jahren und danach überarbeitet worden, was mehr Verwirrung als Klarheit stiftete (vgl. **4.6**). Semantische Bezüge zwischen Klassenhaupt und dem Wort hinter dem Schriftzeichen sind in vielen Fällen daher nicht mehr zu erkennen.
Viel häufiger als der Begriff Klassenhaupt wird ein anderer verwendet: Radikal. Dieser ist allerdings trügerisch, da er den Eindruck erweckt, die Schriftzeichen ließen sich auf „Wurzeln" (lateinisch radix) zurückführen, wie dies in der Etymologie der gesprochenen Sprache der Fall ist. Hier kann man allenfalls von Etymographie sprechen. Dennoch hat sich der Begriff, auch wegen seiner Kürze, im Chinesischunterricht und in Lehrbüchern des modernen Chinesisch durchgesetzt.
Als Radikale werden also üblicherweise die graphischen Elemente eines Schriftzeichens bezeichnet, die als Ordnungsprinzip für Ver-

zeichnisse von einzelnen Schriftzeichen dienen. Mit Hilfe der Radikale lassen sich Schriftzeichen nachschlagen, deren Aussprache man nicht kennt. Sie sind jeweils unter ihren Radikalen nach Anzahl der Zusatzstriche eingeordnet.

Manchmal wird der Begriff Radikal mit einem weiteren Begriff, Significum (auch Bedeutungsanzeiger, Deutzeichen), gleichgesetzt. Significum wird allerdings auch verwendet, wenn die Zusammenhänge zwischen „Bedeutung" und „Laut" in den einzelnen Elementen von Schriftzeichen dargestellt werden. Das ist bei einer Gruppe von Schriftzeichen möglich, die in den sechserlei Schreibungen (*liùshū*), einer traditionellen Kategorisierung der Schriftzeichen, die sechste und zahlenmäßig größte Gruppe von Schriftzeichen ausmachen (vgl. **4.3**). Hier wird der Bestandteil, der jeweils im weiteren Sinne auf die Bedeutung hinweist, als Significum (Bedeutungsanzeiger, Deutzeichen) bezeichnet, und der Bestandteil, der einen Hinweis auf die Aussprache liefert, als Phoneticum (Lautanzeiger, Lautzeichen). Das Significum ist bei den meisten, aber nicht allen Schriftzeichen dieser Gruppe in heutigen Wörterbüchern auch Radikal.

In dieser Einführung wird der Begriff Radikal verwendet, wenn es um die Systematisierung von Schriftzeichen in einem Verzeichnis einzelner Schriftzeichen geht. Bei der Darstellung des Zusammenhangs von bedeutungs- und lautanzeigenden Elementen eines Schriftzeichens hingegen ist von Significa und Phonetica die Rede.

In Wörterbüchern sind die Radikale nach Anzahl und Schreibrichtung ihrer Striche angeordnet. Radikale können aus einem Einzelstrich, etwa 一, bestehen, aus zweien und mehr bis hin zu 17 Einzelstrichen, wie der letzte Radikal im traditionellen System der 214 Radikale: 龠. Im Schriftzeichenindex eines Wörterbuchs sind sie jeweils nach Anzahl ihrer Einzelstriche angeordnet: Die erste Gruppe enthält alle Radikale, die aus einem Strich bestehen, die zweite die mit zwei Strichen und so fort. Die Mehrzahl der Radikale sind selbst Schriftzeichen, die sowohl allein, als auch als Bestandteil von Schriftzeichen auftreten können. Manche Radikale aber sind keine eigenständigen Schriftzeichen, etwa der senkrechte Einzelstrich 丨 im Schriftzeichen 中 (Mitte). Diese sind in den Radikaltabellen im Anhang gekennzeichnet (*).

Einige Radikale kommen in weit über 1 000 Schriftzeichen vor (etwa 木 mù, Baum, Holz), andere nur in einem Dutzend Zeichen. Manche graphischen Elemente weisen in einem Schriftzeichen auf die Bedeutung hin (Signicicum), in einem anderen hingegen geben sie einen Hinweis auf die Aussprache (Phoneticum), während ein ganz anderes graphisches Element als Significum dient.

Bei der großen Mehrheit der Schriftzeichen erkennt man nach ein wenig Übung auf Anhieb, welches graphische Element Radikal ist. Es passiert aber auch gebildeten Chinesen, dass sie beim Nachschlagen das Radikal eines Schriftzeichens erst beim zweiten oder dritten Versuch identifizieren.
Was aber bedeuten die einzelnen Radikale? Repräsentieren sie Wörter? Für die große Mehrzahl der Radikale trifft das zu. Daher bieten viele Lehrbücher in den Radikallisten Bedeutungen zu den einzelnen Radikalen. Der chinesischen Konvention folgend werden Radikale bestimmten Wörtern zugeordnet. Das Schriftzeichen 口 *kǒu* etwa schreibt u.a. die Wörter Mund, Maul, Schnauze, Öffnung, Eingang, Rede, Schluck, Bissen, Mündung. Da es unpraktikabel wäre, bei der Benennung des Radikals alle Wörter aufzuzählen, wird im Deutschen nur die Hauptbedeutung genannt: Radikal Mund. Dementsprechend lautet die chinesische Bezeichnung 口部, *kǒubù*. Als Radikal befindet sich 口 in vielen Schriftzeichen, die mit Essen oder Trinken zu tun haben, etwa in 吃 (essen)，喝 (trinken). Hier ist das graphische Element „Mund“ leicht zu identifizieren und bietet eine gute Merkhilfe.
In manchen Fällen sind die Zuordnungen von Radikalen zu bestimmten Wörtern nicht so eindeutig. Vergleicht man mehrere Radikallisten, so findet man zu manchen Radikalen Angaben, die widersprüchlich erscheinen. Das Radikal 又 *yòu* etwa steht in manchen Listen für das Wort „Hand“, in anderen für das Wort „wieder“ oder für „wieder; Hand“ oder für „auch“. Welcher Zusammenhang besteht zwischen „Hand“ und „wieder“ oder „auch“? Was ist denn nun richtig?
Alle Angaben sind heutzutage richtig. Ursprünglich repräsentierte das Schriftzeichen 又 nämlich das Wort *yòu*, „rechte Hand; rechter Hand, rechts“. Später wurde das Schriftzeichen 又 verwendet, um das homophone Wort für „erneut, wieder“ zu schreiben, für das es noch kein Schriftzeichen gab. Im heutigen Chinesisch wird das Schriftzeichen 又 nur noch in der Bedeutung „erneut, wieder, zudem, auch“ gebraucht.
Ein weiteres Beispiel: Radikal 几 *jī/jǐ* schreibt als Schriftzeichen ursprünglich das Wort *jī* „Tischchen, niedriger Tisch“. Im Zuge der Schriftreform in der Volksrepublik China wurde es als Vereinfachung des homophonen Fragepronomens 幾 *jǐ* (wie viele) gewählt. Daher finden sich in Listen, die Radikale bestimmten Wörtern zuordnen, „Tisch“ oder „wie viele“, manchmal auch beides. Die Gleichsetzung von Radikalen mit bestimmten Wörtern ist daher nicht immer einheitlich.
Die Schriftzeichen, die in Einführungen in das Schreiben verwendet werden, zeigen in der Regel einen semantischen Zusammenhang zwischen Radikal und Schriftzeichen, der heute noch nachvollzogen wer-

den kann, wie bei den oben angeführten Beispielen für Schriftzeichen mit dem Radikal „Mund". Bei vielen anderen Schriftzeichen ist das aber ohne Betrachtung der schriftgeschichtlichen Entwicklung nicht mehr möglich. Die 214er Radikalliste im Anhang bietet jeweils die Hauptbedeutung, angelehnt an das Wörterbuch von Werner Rüdenberg und Hans Stange, und die heutige Aussprache in Pinyin.
In den Radikallisten nach dem 214er System finden sich in westlichen Publikationen links neben den Radikalen zusätzlich Kennziffern. Diese gehen auf europäische und US-amerikanische Sinologen zurück, die das 214er-System übernahmen und die Radikale durchnummerierten. Statt Radikal Mund heißt es auch Radikal 30, weil das Radikal im traditionellen Radikalsystem an 30. Stelle steht. „Radikal Wasser" etwa wird mit der Kennziffer 85 bezeichnet, „Radikal Feuer" mit der Kennziffer 86. Wenn man die Nummern der häufig gebrauchten im Kopf hat, wird das Nachschlagen im Schriftzeichenindex von Wörterbüchern mit traditionellem Radikalsystem erleichtert.
Wörterbücher, die im chinesischsprachigen Raum veröffentlicht werden, bieten in der Regel keine Durchnummerierung der Radikale. Das war nicht notwendig, da chinesische Kinder die am häufigsten auftretenden Radikale und ihre Position im traditionellen 214er System in der Schule lernten, etwa dass Radikal „Mond" von Radikal „Holz, Baum" gefolgt wird, dass „Feuer" dem „Wasser" folgt. Gebildete Chinesen hatten die Position der meisten Radikale im Kopf.
Weiter enthalten Radikallisten variierende Schreibweisen von Radikalen. Das Radikal 人, chinesisch 人部 *rénbù*, Radikal Mensch, das im 214er System die Kennziffer 9 hat, ist ein eigenständiges Schriftzeichen. Dient 人 anderen Schriftzeichen als Radikal an linker Position, so verändert sich die Schreibweise zu 亻, etwa in den Schriftzeichen 他, 休, 伯, 位. In diesen Fällen wird das Radikal im Chinesischen 人字旁 *rénzìpáng* genannt, „Radikal 人 an seitlicher Position". Bei manchen Radikalen verändert sich die Strichzahl, abhängig von der Position, in der sie sich im Schriftzeichen befinden. Das Radikal 水, chinesisch 水 部 *shuǐbù* , Radikal „Wasser", ist ebenfalls ein eigenständiges Schriftzeichen, das aus vier Einzelstrichen besteht. Es kann in anderen Schriftzeichen unterschiedliche Positionen einnehmen: 永, 泉, 沓. Befindet es sich aber in einem Schriftzeichen an linker Position, so wird es mit nur drei Strichen geschrieben 氵. In diesen Fällen lautet die chinesische Bezeichnung bildhaft 三點水 sāndiǎnshuǐ, „Das Schriftzeichen Wasser, das mit drei Punkten geschrieben wird", kurz: „Drei-Punkte-Wasser".
Die Vereinfachung von Schriftzeichen in der Volksrepublik China in den 1950er Jahren verlangte ein modifiziertes Radikalsystem. In traditionel-

len Wörterbüchern wurden alle Schriftzeichen mit dem Radikal Wasser, ob in der Schreibung mit vier Strichen (水) oder als „Drei-Punkte-Wasser" (氵) unter diesem Radikal mit der Kennziffer 85 angeführt. Im reformierten Radikalsystem finden sich die Schriftzeichen mit dem Radikal Wasser an zwei verschiedenen Stellen, da graphisch zwischen der „Drei-Punkte-Wasser"-Schreibung und der Schreibung mit vier Strichen unterschieden wird. Hier brachte die Schriftreform also ein weiteres Radikal hervor. In anderen Fällen wurden mehrere Radikale zu einem zusammengefasst, wodurch viele semantische Bezüge nicht mehr, zumindest nicht mehr auf den ersten Blick, zu erkennen waren.
In neueren Publikationen wurde dieses System mehrfach modifiziert, so dass die Einheitlichkeit verlorenging. 189 Radikale finden sich im *Hàn-Dé Dà Cídiǎn/Chinesisch-deutsches Universalwörterbuch* von W. Fuchsenberger (Beijing 2001), 227 Radikale im *Xīn Hàn-Dé Cídiǎn/Das neue Chinesisch-deutsche Wörterbuch* (Beijing 1985), um nur zwei Beispiele zu nennen.
Bei einigen Wörterbüchern jedoch, etwa dem renommierten Zeichenlexikon *Xiàndài Hànyǔ Cídiǎn*, das seit 1978 in mehr oder weniger grundlegend überarbeiteten Neuauflagen erscheint, ist eine allmähliche Annäherung an das traditionelle 214er System zu erkennen. Bot die Erstausgabe von 1978 noch 188 Radikale, so finden sich in der Neuauflage von 2005 bereits 201 Radikale, wobei ihre Anordnung einen deutlichen Schritt zurück zur traditionellen Anordnung im 214er System verrät. Erstmals erhalten die Radikale eines in der Volksrepublik China erstellten Zeichenlexikons eine eigene Nummer, was die Zuordnung von Radikalen und ihren Varianten erlaubt, selbst wenn sie wegen unterschiedlicher Strichzahl an unterschiedlichen Positionen in der Radikalliste eingeordnet sind. So findet sich die aus drei Punkten bestehende Variante des Radikals Wasser, „Drei-Punkte-Wasser", 氵, in der Systematik zwar weiter unter den Radikalen, die mit drei Strichen geschrieben werden, doch hat diese Variante keine eigene Radikalnummer. In eckigen Klammern wird auf die Ziffer 77 verwiesen, unter der sich die Schreibung mit vier Strichen findet: 水. Auf diese Weise werden in dieser neuen Systematik die Bezüge zwischen Radikalen und ihren Varianten wieder sichtbar gemacht. Die Kurzzeichen-Radikalliste im Anhang folgt weitgehend dem Zeichenlexikon *Xiàndài Hànyǔ Cídiǎn* (2005) und die dort verwendeten Radikalziffern. Die Ziffern in der rechten Spalte verweisen jeweils auf das traditionelle System mit 214 Radikalen.

5 Übungen zur Einführung in die Schrift

Grundregeln des Schreibens

5.1 Grundstriche und ihre Varianten

Beim Schreiben der Buchstaben des lateinischen Alphabets gelten bestimmte Regeln im Hinblick auf die einzelnen Striche und ihre Abfolge. Der Großbuchstabe **T** etwa wird in Druckschrift von oben nach unten aufgebaut. Man beginnt mit dem waagerechten Strich, der von links nach rechts gezogen wird, und setzt darunter den von oben nach unten gezogenen senkrechten Strich. Die Schriftzeichen bestehen, wie die Buchstaben des lateinischen Alphabets, aus Einzelstrichen, deren Schreibrichtung und Abfolge festgelegt sind.
Es lohnt sich, vor den ersten Schreibübungen einen Blick auf die Einzelstriche zu werfen und sie einige Male abzuschreiben. Das erleichtert die Unterscheidung von zunächst sehr ähnlich oder gleich aussehenden Einzelstrichen. Gleichzeitig prägt sich so der Verlauf der einzelnen Striche, aus denen sich die Schriftzeichen zusammensetzen, ein.
Verwenden Sie beim Abschreiben der Grundstriche einen weichen Bleistift (2B oder weicher), der ähnlich wie ein Pinsel unterschiedliche Strichstärken ermöglicht. Nehmen Sie kariertes Papier oder kopieren Sie die Schreibvorlagen, die Sie im Anhang finden. Schreiben Sie langsam und konzentriert. Ihre Hand- und Armmuskeln müssen sich an einen anderen Schreibrhythmus gewöhnen.

Die Grundstriche, aus denen sich die Schriftzeichen zusammensetzen, werden in vier Gruppen unterteilt:

a) Striche, die in einer Schreibrichtung verlaufen
b) Striche mit einer Änderung der Schreibrichtung
c) Striche mit zwei Änderungen der Schreibrichtung
d) Striche mit drei Änderungen der Schreibrichtung

In der Grundschule haben Sie ähnliche Schreibübungen gemacht, als Sie die Druckschrift lernten. Ein **L** wird in einem Strich geschrieben, wobei sich einmal die Schreibrichtung ändert, während Sie beim **W** gleich dreimal die Richtung ändern, ohne den Stift abzusetzen.

a) Striche, die in einer Schreibrichtung verlaufen

In der folgenden Tabelle sind die einfachen Grundstriche und ihre chinesischen Bezeichnungen in Pinyin angeführt. Die Schriftzeichen dazu finden Sie im Glossar.
Sie sehen: Mit dem Pinsel geschriebene Striche fallen hier breiter, da schmaler aus. Das geschieht durch verstärkten und wieder nachlassenden Druck auf die Pinselspitze. Bei Schriftfonts, die sich an die chinesische Standard- oder Normschrift *kǎishū* anlehnen, ist das auch in computergenerierten Schriftzeichen zu erkennen. Bei manchen anderen Fonts sind die Striche hingegen von einheitlicher Stärke.

Grundstrich	Bezeichnung	Strichrichtung
	héng	waagerechter Strich
	shù	senkrechter Strich 
	diǎn	Punkt, Tropfenstrich 
	piě	nach links fallender Strich 
	nà	nach rechts fallender Strich 
	tí	nach rechts steigender Strich 

Schreiben Sie die Grundstriche einige Male ab und prägen Sie sich die Schreibrichtung ein.

Der erste Grundstrich ist ein waagerechter Strich, der von links nach rechts verläuft. Er wird im Chinesischen mit *héng* bezeichnet. Es ist der einzige Grundstrich, der nicht nur ein Bestandteil von Schriftzeichen ist, sondern allein ein eigenständiges Schriftzeichen darstellt (die Zahl „eins"). Hier einige Schriftzeichen, die einen waagerechten Einzelstrich enthalten: 丁，不，上，下.
Der zweite Grundstrich ist ein senkrechter Strich, der von oben nach unten verläuft. Er wird im Chinesischen mit shù bezeichnet und findet sich in Schriftzeichen wie 中，串.
Die Übersetzung der Bezeichnung für den dritten Grundstrich, *diǎn*, ist Punkt, doch handelt es sich nicht um einen runden Punkt, sondern um einen kurzen, nach rechts unten verlaufenden Strich, wie im Schriftzeichen 主 zu erkennen ist. Er wird auch Tropfenstrich genannt. Der vierte Grundstrich wird *piě* genannt. Der Strich verjüngt sich sichtlich: Die Pinsel- oder Bleistiftspitze wird zunächst fest auf das Papier gedrückt, der Strich verläuft von rechts oben nach links unten und wird mit nachlassendem Druck schmaler: 川，千.
Der fünfte Grundstrich, nà, verläuft von links oben nach rechts unten: 八，人. Hier verdickt sich der Strich unten und läuft spitz aus, dem Druck des Pinsels entsprechend.
Der sechste Grundstrich, *tí*, steigt von links unten nach rechts oben. Die Pinselspitze wird fest auf das Papier gesetzt und dann nach oben gezogen, wodurch sich der Strich verjüngt: 江，打.

b) Striche mit einer Änderung der Schreibrichtung

Jetzt folgen die Varianten dieser einfachen Grundstriche, bei denen sich die Strichrichtung ändert, ohne dass der Stift abgesetzt wird, wie beim lateinischen Großbuchstaben U. Schreiben Sie auch diese Varianten einige Male ab. Die chinesischen Bezeichnungen geben Ihnen jeweils Hinweise auf die Schreibrichtung und die Art der Richtungswechsel. Striche, deren Schreibrichtung einmal wechselt, werden mit zweisilbigen Begriffen bezeichnet. Die ersten fünf Striche enden jeweils mit einem Haken (*gōu*).

1. Der Strich *hénggōu* verläuft waagerecht von links nach rechts (héng) und endet mit einem Haken (*gōu*), der nach links unten weist, wie oben im Kurzzeichen 买.

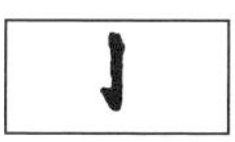

2. Der Strich *shùgōu* verläuft senkrecht von oben nach unten (*shù*) und endet mit einem nach links gezogenen Haken (*gōu*), wie im Schriftzeichen 小.

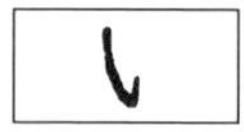
3. Der Strich *xiégōu* verläuft leicht gebogen von links oben nach rechts unten (*xié*) und endet mit einem Haken (*gōu*), der nach rechts zeigt, wie im rechten Teil des Schriftzeichens 代.

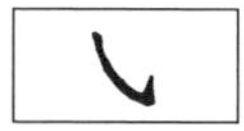
4. Eine Variante dieses Striches ist der Strich *wògōu*, der ebenfalls von links oben nach rechts unten verläuft, aber flacher oder „liegend" (*wò*) angelegt ist und mit einem nach rechts zeigenden Haken (*gōu*) endet, wie im Schriftzeichen 心.

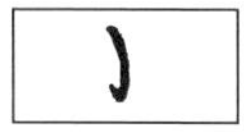
5. Der Strich *wāngōu* beschreibt eine leichte Kurve (*wān*) nach rechts und läuft in einen nach links zeigenden Haken (*gōu*) aus, wie der mittlere Strich im Schriftzeichen 家.

Bei einer zweiten Gruppe werden die Striche geknickt (*zhé*), so dass ein Winkel entsteht, wie bei den lateinischen Großbuchstaben L oder V:

6. Der Strich *héngzhé* verläuft zunächst waagerecht von links nach rechts (*héng*) und knickt dann senkrecht nach unten ab (*zhé*), wie im Schriftzeichen 口.

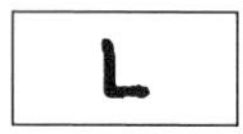
7. Der Strich *shùzhé* verläuft zunächst senkrecht von oben nach unten (*shù*) und knickt dann nach rechts ab (*zhé*), wie im Schriftzeichen 山.

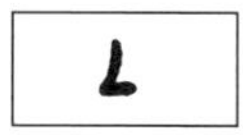
8. Der Strich *piězhé* verläuft von rechts oben nach links unten (*piě*) und knickt dann nach rechts oben ab, bildet also einen spitzen Winkel, wie im rechten Teil des Schriftzeichens 私.

Die verbleibenden Grundstriche mit einer Änderung der Schreibrichtung werden wie folgt geschrieben:

9. Der Strich *héngpiě* verläuft zunächst waagerecht von links nach rechts (*héng*), beschreibt dann eine leichte Biegung nach links unten (*piě*), wie im linken Teil des Schriftzeichens 水.

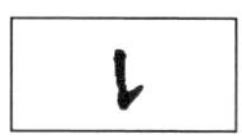
10. Der Strich *shùtí* verläuft senkrecht von oben nach unten (*shù*) und steigt dann nach rechts oben (*tí*), wie im linken Teil des Schriftzeichens 以.

11. Der Strich *shùwān* verläuft zunächst senkrecht von oben nach unten (*shù*) und läuft in einer Kurve (*wān*) nach rechts aus, wie der rechte Strich innerhalb der Umrandung im Schriftzeichen 四.

12. Der Strich *piědiǎn* verläuft von rechts oben nach links unten (*piě*), bevor er in einen lang gezogenen Punkt bzw. Tropfenstrich (*diǎn*) ausläuft, wie im Schriftzeichen 女.

c) Striche mit zwei Änderungen der Schreibrichtung

Bei den folgenden Grundstrichen wechselt die Schreibrichtung zweimal, wie beim Buchstaben **Z**:

13. Der Strich *héngzhétí* verläuft waagerecht von links nach rechts (*héng*), knickt senkrecht nach unten ab (*zhé*) und steigt dann nach rechts oben (*tí*), wie links unten im Kurzzeichen 许.

14. Der Strich *héngzhézhé* verläuft waagerecht von links nach rechts (*héng*), knickt senkrecht nach unten (*zhé*), dann nach rechts ab (*zhé*), wie im Schriftzeichen 凹.

15. Der Strich *héngzhégōu* verläuft waagerecht von links nach rechts (*héng*), knickt senkrecht nach unten ab (*zhé*) und läuft in einen Haken (*gōu*) aus, wie im Schriftzeichen 司.

16. Der Strich *héngzhéwān* verläuft waagerecht von links nach rechts (*héng*), knickt dann senkrecht nach unten ab (*zhé*) und läuft in einer Kurve (*wān*) nach rechts aus, wie im oberen Teil des Kurzzeichens 朵.

17. Der Strich *héngpiěwān* verläuft waagerecht von links nach rechts (*héng*), biegt nach links unten (*piě*) und läuft in einer Kurve (*wān*) nach rechts aus, wie links im Schriftzeichen 近.

18. Der Strich *shùwāngōu* verläuft senkrecht von oben nach unten (*shù*), beschreibt eine Kurve (*wān*) nach rechts und endet mit einem Haken nach oben, wie im rechten Teil des Schriftzeichens 儿.

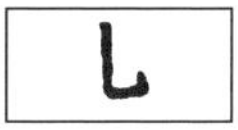

19. Der Strich *shùzhézhé* verläuft senkrecht von oben nach unten (*shù*), knickt nach rechts (*zhé*) und dann nach unten ab (*zhé*), wie rechts im Schriftzeichen 亞.

20. Der Strich *shùzhépiě* verläuft senkrecht von oben nach unten (*shù*), knickt nach rechts ab (*zhé*) und beschreibt dann einen leichten Bogen nach links unten (*piě*), wie im Kurzzeichen 专.

d) Striche mit drei Änderungen der Schreibrichtung

Beim Schreiben der folgenden Grundstriche wechselt die Schreibrichtung jeweils dreimal, wie beim Großbuchstaben **W**:

21. Der Strich *héngzhézhézhé* verläuft zunächst waagerecht von links nach rechts (*héng*), und knickt dann stufenartig

nach unten, nach rechts und wieder nach unten ab (*zhézhézhé*), wie im Schriftzeichen 凸.

22. Der Strich *héngzhézhépiě* verläuft zunächst waagerecht von links nach rechts (*héng*), knickt nach unten, dann nach rechts ab (*zhé zhé*) und beschreibt dann einen leichten Bogen nach unten links (*piě*), wie im linken Teil des Schriftzeichens 建.

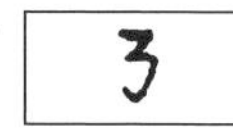

23. Der Strich *héngzhézhégōu* verläuft zunächst waagerecht von links nach rechts (*héng*), knickt senkrecht nach unten, dann nach rechts ab (*zhézhé*) und läuft in einen langen, nach links unten gezogenen Haken aus (*gōu*), wie im rechten Teil des Schriftzeichens 乃. Dieser Strich wird manchmal auch als *héngzhézhézhégōu* bezeichnet, weil es sich hier strenggenommen um vier Änderungen der Schreibrichtung handelt. Nach dem Knick nach rechts knickt der Strich noch einmal nach unten ab, bevor er in einem Haken ausläuft.

24. Der Strich *héngzhéwāngōu* verläuft zunächst waagerecht von links nach rechts (*héng*), knickt senkrecht nach unten ab (*zhé*) und läuft in einer Kurve (*wān*) nach rechts mit einem Haken aus, wie im Schriftzeichen 九.

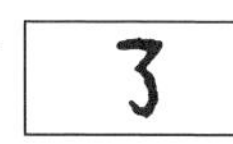

25. Der Strich *héngpiěwāngōu* verläuft zunächst waagerecht von links nach rechts (*héng*), biegt nach links unten (*piě*) und läuft in einer Kurve (*wān*) nach rechts mit einem Haken aus, wie rechts im Schriftzeichen 那 (nach den Schreibregeln für Kurzzeichen).

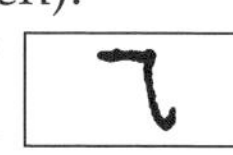

26. Der Strich *héngzhéxiégōu* verläuft zunächst waagerecht von links nach rechts (*héng*), knickt senkrecht nach unten ab (*zhé*), zieht eine leichte Biegung nach rechts unten (*xié*) und endet mit einem Haken, wie oben und rechts im Schriftzeichen 風 (Kurzzeichen: 风).

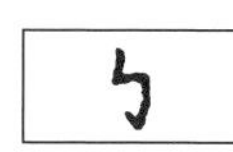

27. Der Strich *shùzhézhégōu* verläuft zunächst senkrecht von oben nach unten (*shù*), knickt nach rechts ab, dann nach unten ab (*zhé zhé*) und endet mit einem nach links gezogenen Haken (*gōu*), wie im Kurzzeichen 与.

Nicht immer lassen sich die Grundstriche und die Striche mit Strichänderungen in einem Schriftzeichen eindeutig bestimmen. Das liegt jeweils an unterschiedlichen kalligraphischen Konventionen, die in die einzelnen Schriftfonts eingegangen sind. So kann der Einzelstrich eines Schriftzeichens in einem Nachschlagewerk oder Übungsbuch als Punkt (*diǎn*) bezeichnet werden, in anderen hingegen als nach links unten fallender Strich (*piě*). Im folgenden Abschnitt wird beispielhaft auf solche Fälle hingewiesen.

5.2 Der Aufbau von Schriftzeichen

Wie die Schreibrichtung der einzelnen Grundstriche ist auch die Abfolge der einzelnen Striche eines Schriftzeichens festgelegt. Die folgenden Schreibregeln helfen Ihnen, sich den Aufbau von Schriftzeichen einzuprägen. Zur Verdeutlichung sind die Stufen in unterschiedlichen Grauwerten dargestellt

1. Von oben nach unten 

2. Von links nach rechts 

3. Nach links fallender Strich vor nach rechts fallendem Strich 

4. Waagerechter Strich vor kreuzendem senkrechtem Strich 

5. Unterer waagerechter Strich zuletzt 

6. Rechteck vor kreuzendem senkrechtem Strich 

7. Von außen nach innen 

8. Bei geschlossenen Rahmen der waagerechte Strich unten zuletzt 

9. Mittlerer Strich vor linkem, dann rechtem Bestandteil 

Die Anwendung dieser Regeln wird am Beispiel einfacher Schriftzeichen gezeigt. Verwenden Sie einen weichen Bleistift, damit Sie wie beim Schreiben mit einem Pinsel unterschiedliche Strichstärke erzielen. Anders als die einzelnen lateinischen Buchstaben, die von unterschiedlicher Breite sind, nehmen die chinesischen Schriftzeichen jeweils den gleichen Raum ein, der durch ein imaginäres Quadrat begrenzt ist. Einfache Schriftzeichen mit wenigen Strichen sollen das Quadrat ebenso ausgewogen ausfüllen wie komplexe Schriftzeichen mit zwanzig und mehr Strichen. Die Linien der Quadrate dürfen also nicht überschritten werden.

Chinesische Schulkinder verwenden in den ersten Jahren Hefte mit Quadraten, ähnlich wie deutsche Schulkinder Hefte mit doppelten Linien pro Zeile benutzen, die ihnen helfen, bei den einzelnen Buchstaben Ober- und Unterstriche in der richtigen Länge zu schreiben.
In den folgenden Übungen werden zu jedem Schriftzeichen die Aussprache in Pinyin und die wichtigste Bedeutung im Deutschen angegeben. Die Schriftzeichen werden Strich für Strich aufgebaut, wobei die Strichrichtung jeweils mit einem Pfeil angezeigt wird. Unter jedem Schriftzeichen sehen Sie das Radikal (vgl. **5.3**).

1. Regel Von oben nach unten

Das Schriftzeichen 二 wird mit zwei waagerechten Strichen (*héng*) geschrieben, die parallel verlaufen. Der erste Strich ist ein wenig kürzer als der zweite.

èr - zwei

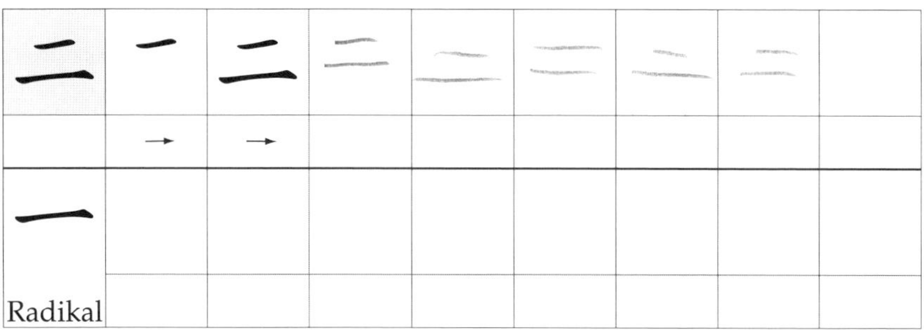

Das Schriftzeichen 三 besteht aus drei waagerechten Strichen (*héng*), die parallel verlaufen. Der mittlere Strich ist der kürzeste, der unterste der längste.

sān - drei

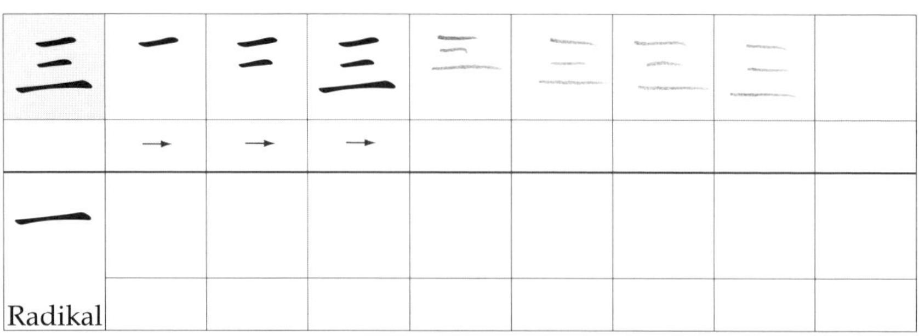

2. Regel Von links nach rechts

Die parallelen Einzelstriche des Schriftzeichens 川 folgen von links nach rechts aufeinander. Der erste Strich ist unten leicht nach links gebogen (*piě*). Der zweite und der dritte Strich verlaufen senkrecht von oben nach unten (*shù*).

chuān – Fluss

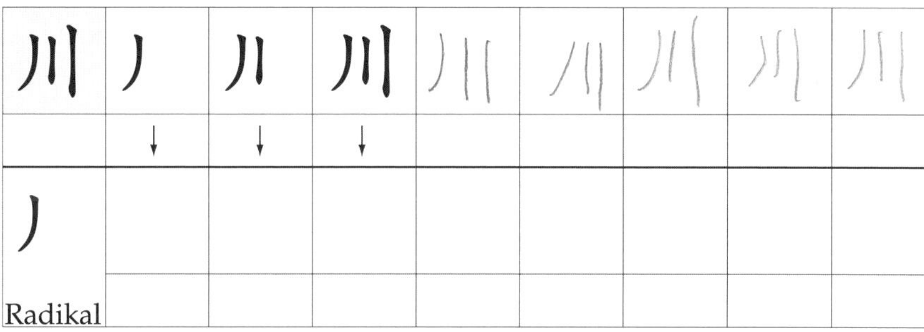

3. Regel. Nach links fallender Strich vor nach rechts fallendem Strich

Schreiben Sie das Schriftzeichen 人 nicht wie ein spitzes Dach. Der zweite Strich setzt zwischen Mitte und oberem Drittel des ersten Strichs an.

rén – Mensch

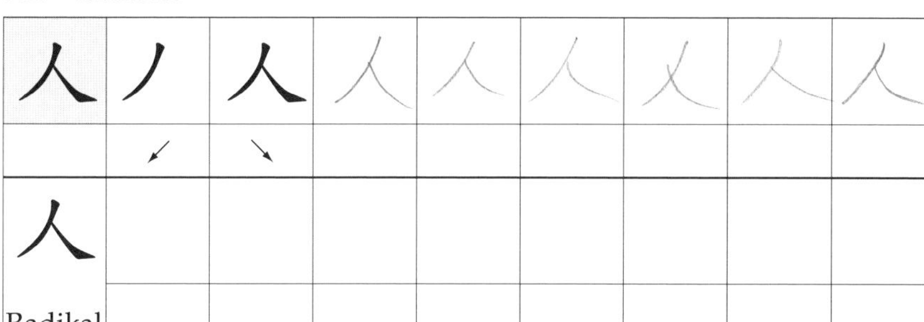

4. Regel. Waagerechter Strich vor kreuzendem senkrechten Strich

Das Schriftzeichen 十 verdeutlicht die Schreibregel für kreuzende Striche: waagerechter Strich (*héng*) vor senkrechtem Strich (*shù*).

shí - zehn

十	一	十	十	十	十	十	十	
	→	↓						
十								
Radikal								

5. Regel. Unterer waagerechter Strich zuletzt

Das Schriftzeichen 土 zeigt eine Kombination der 4. und 5. Schreibregel: Waagerechter Strich (*héng*) vor kreuzendem senkrechten Strich (*shù*). Der letzte waagerechte Strich (*héng*) des Schriftzeichens dient als Abschlussstrich.

tŭ – Erde

土	一	十	土	土	土	土	土	土
	→	↓	→					
土								
Radikal								

Wie wichtig es ist, die Länge der Einzelstriche in einem Schriftzeichen genau zu beachten, beweist das ganz ähnlich aussehende Schriftzeichen 士 shì (Gelehrter), dessen Aufbau der gleichen Regel folgt wie das Schriftzeichen 土. Nur die Länge der beiden waagerechten Striche ist unterschiedlich.

6. Regel. Rechteck vor kreuzendem senkrechten Strich

Rechtecke bzw. Quadrate bestehen aus drei Strichen. Der erste Strich führt senkrecht von oben nach unten (*shù*). Der zweite setzt oben an, verläuft waagerecht nach rechts und knickt dann senkrecht nach unten ab (*héngzhé*). Der waagerechte Strich (*héng*) schließt ab.

kǒu – Mund

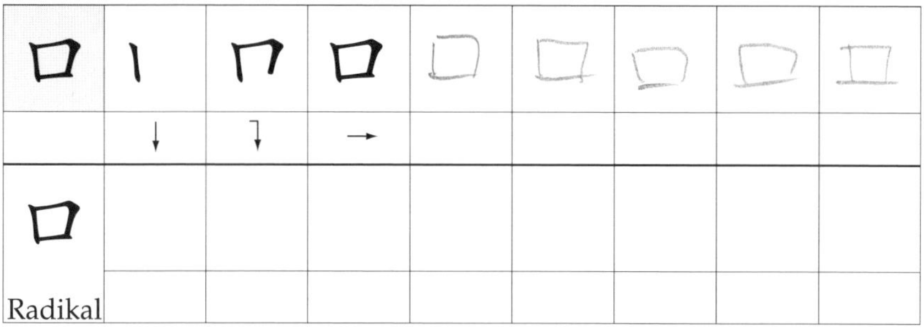

Dieses Schriftzeichen kann auch Bestandteil von komplexeren Schriftzeichen sein: 品, 吃, 另, 名 usw. Seine Proportionen variieren leicht, angepasst an die Gesamtgröße der einzelnen Schriftzeichen.
Im folgenden Beispiel wird der Bestandteil 口 (*shù, héngzhé, héng*) von einem langen senkrechten Strich (*shù*) durchschnitten.

zhōng - Mitte

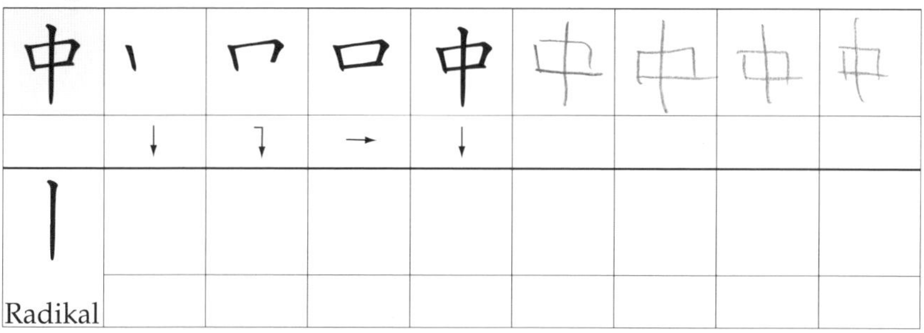

7. Regel. Von außen nach innen

Schriftzeichen, die aus einem nach unten offenen Rahmen mit Füllung bestehen, werden von außen nach innen aufgebaut. Der Rahmen besteht aus zwei Strichen: senkrechter Strich (*shù*) links, links oben ansetzender waagerechter Strich, der senkrecht nach unten abknickt (*héngzhé*). Das Innere des Rahmens wird von oben nach unten aufgebaut: Dem waagerechten Strich (*héng*) oben folgt als Bestandteil das Schriftzeichen 口 (*kǒu*), Mund.

tóng – gleich

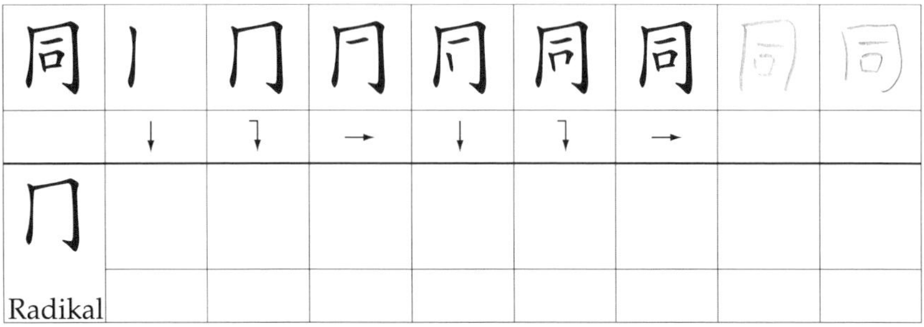

8. Regel. Bei geschlossenem Rahmen der waagerechte Strich unten zuletzt

Bei Schriftzeichen, deren innere Bestandteile von einem Rechteck umrahmt sind, gilt folgende Strichfolge: senkrechter Strich (*shù*) links, links oben ansetzender waagerechter Strich, der senkrecht nach unten abknickt (*héngzhé*). Es folgen die inneren Bestandteile. Im folgenden Beispiel ist das ein waagerechter Strich (*héng*). Zuletzt wird der Rahmen mit einem waagerechten Strich (*héng*) geschlossen.

rì – Sonne

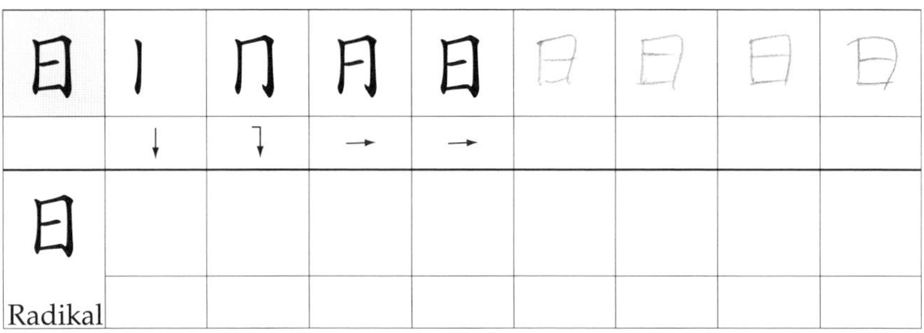

Ein weiteres Beispiel für Schriftzeichen mit geschlossenem Rahmen ist das Schriftzeichen 四. Das Innere besteht hier aus zwei Strichen. Dem von rechts oben nach links unten verlaufenden linken Strich (*piě*) folgt der rechte Strich, der zunächst senkrecht von oben nach unten verläuft und dann in einer Kurve nach rechts ausläuft (*shùwān*). Als Schlussstrich folgt der waagerechte Strich (*héng*) unten, der den Rahmen schließt.

sì – vier

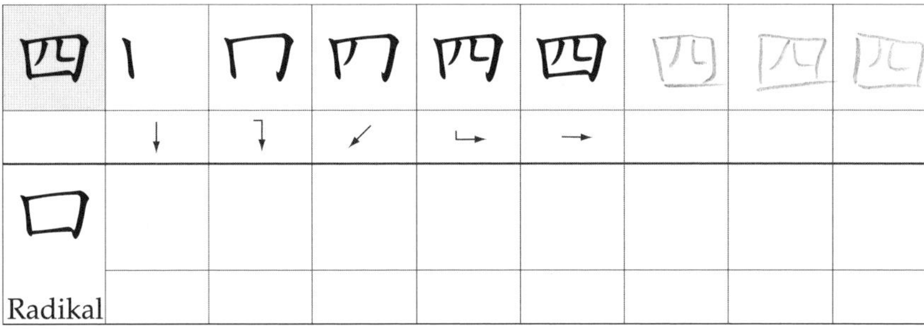

9. Regel. Mittlerer Strich vor linkem, dann rechtem Bestandteil

Schriftzeichen mit einem vertikalen Strich in der Mitte, der nicht von anderen Strichen gekreuzt wird, folgen der Regel Mitte-links-rechts. Das Schriftzeichen 小 besteht aus einem senkrecht von oben nach unten verlaufenden Strich mit Haken (*shùgōu*), dem links und rechts zwei Punkte bzw. Tropfenstriche (*diǎn*) folgen.

xiǎo – klein

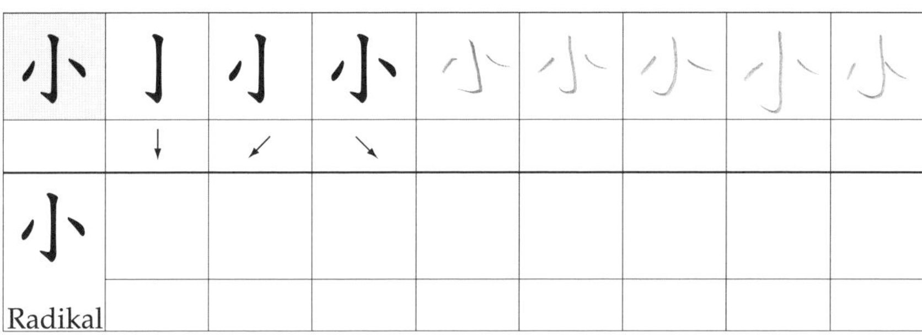

Hier sehen Sie Varianten des Grundstriches *diǎn* (Punkt oder Tropfenstrich). Die Strichrichtung beim linken Punkt verläuft nach links unten, beim rechten nach rechts unten. Der linke Strich wird in manchen Übungsbüchern als von rechts oben nach links unten fallender Strich (*piě*) definiert. Derartige Varianten sind, wie gesagt, auf unterschiedliche kalligraphische Konventionen zurückzuführen, die in den einzelnen Schriftfonts sichtbar werden. Bilden vier Punkte den unteren Bestandteil eines Schriftzeichens, so ist der erste Punkt nach links unten geneigt, während die übrigen drei nach rechts unten weisen: 杰， 然. Ein weiteres Beispiel für die 9. Regel ist das Schriftzeichen 水: Dem senkrechten Strich mit Haken (*shùgōu*) in der Mitte folgt links ein Strich, der zunächst waagerecht verläuft und dann eine leichte Biegung nach links unten beschreibt (*héngpiě*). Den rechten Bestandteil machen zwei Striche aus: ein nach links unten weisender Punkt (*diǎn*), darauf ein nach rechts fallender Strich (*nà*).

shǔi – Wasser

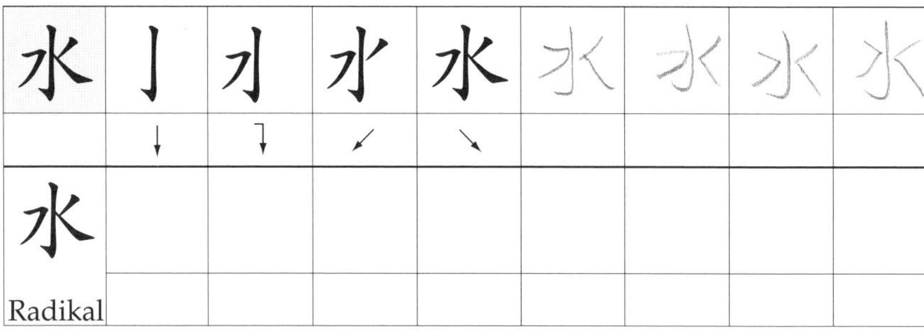

Wenn Sie beginnen, die Schriftzeichen des von Ihnen verwendeten Lehrbuchs zu erlernen, nehmen Sie sich die Zeit, über deren Aufbau nachzudenken. So werden Sie bald die Grundprinzipien verinnerlichen und zum flüssigen Schreiben kommen. Ziel ist, beim Schreiben von Schriftzeichen ebensowenig über die Richtung und Abfolge von einzelnen Strichen nachzudenken wie beim Schreiben der lateinischen Buchstaben.
Arbeitsbücher und Online-Kurse bieten Ihnen Übungen zur Strichfolge häufig verwendeter Schriftzeichen. Nach einigen Wochen werden Sie nur noch in Zweifelsfällen die korrekte Strichfolge einzelner Schriftzeichen nachschlagen müssen. Die in der VR China gültigen Strichfolgen für häufig gebrauchte Schriftzeichen sind als Buchfassung (*Xiàndài Hànyǔ Tōngyòngzi Bǐshùn Guīfàn* 现代汉语通用字笔顺规范) und online zugänglich (http://www.hwjyw.com/jxyd/yjyl/yx/hzbs/). Für Anfänger wie Fortgeschrittene ist das Standardwerk *Xīnhuá xiězì zìdiǎn* 新华写字字典 in der deutschen Übersetzung „Modernes chinesisches Schreib- und Zeichenlexikon" empfehlenswert.
Die auf Taiwan gültigen Strichfolgeregeln für häufig gebrauchte Langzeichen ist im Internet abzurufen unter (http://stroke-order.learningweb.moe.edu.tw/home.do).

5.3 Lernhilfen: Komponenten, Radikale, Significa und Phonetica

Nachdem Sie das Schreiben einfacher Schriftzeichen eingeübt haben, werden Sie komplexere Schriftzeichen kennenlernen. Diese bestehen aus zwei oder mehr Komponenten, deren vertikale oder horizontale Abfolge ebenso festgelegt ist wie die Strichrichtung. Hier einige Beispiele:
Das Schriftzeichen 六 besteht aus einem oberen und einem unteren Bestandteil. Zunächst wird die obere Komponente geschrieben (Aufbau „von oben nach unten"): Dem Punkt (*diǎn*) folgt der waagerechte Strich (*héng*). Unten gilt die Regel „von links nach rechts": Zunächst wird der linke Punkt (*diǎn*), dann der rechte (*diǎn*) geschrieben. In Schriftzeichenfonts, die auf anderen kalligraphischen Konventionen basieren, wird der linke Punkt als von rechts oben nach links unten fallender Strich (*piě*) geschrieben.

liù – sechs

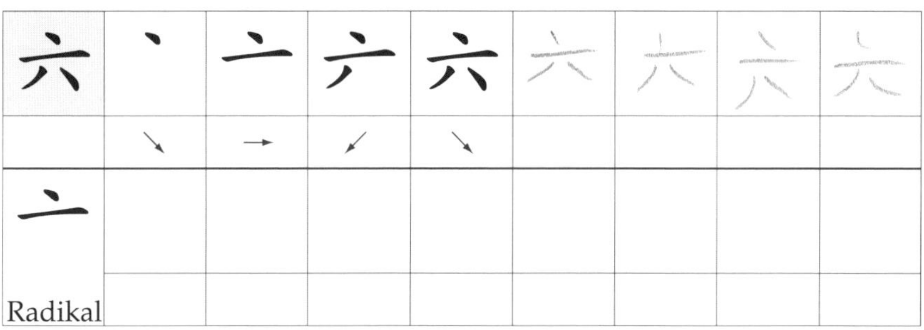

Das Schriftzeichen 父 setzt sich ebenfalls aus zwei vertikal angeordneten Komponenten zusammen. Die obere nimmt ein Drittel des Raumes ein. Zunächst wird der linke Punkt (*diǎn*) geschrieben, dann der rechte. Die untere Komponente beansprucht zwei Drittel des Raums. Der von rechts oben nach links unten fallende Strich (*piě*) wird von dem letzten, nach rechts unten fallenden Strich (*nà*) gekreuzt.

fù – Vater

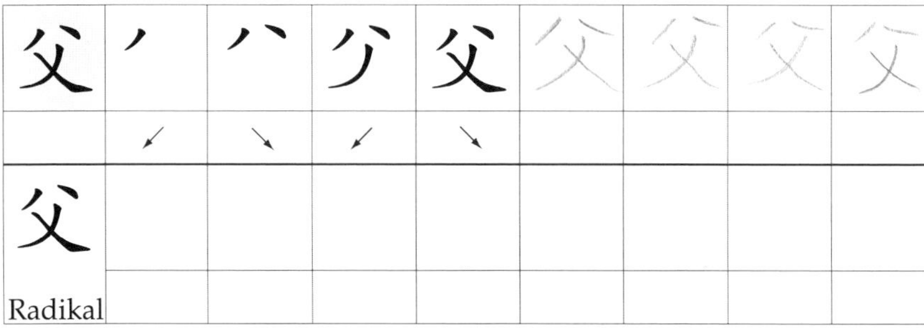

Die einzelnen Bestandteile können auch horizontal angeordnet sein. Im folgenden Beispiel, dem Schriftzeichen 姐, nehmen sie jeweils die Hälfte des Quadrats ein. Beide Bestandteile sind eigenständige Schriftzeichen, die hier ein neues, ein zusammengesetztes Schriftzeichen bilden. Der linke Bestandteil, das Schriftzeichen 女, besteht aus drei Einzelstrichen: Der erste verläuft von rechts oben nach links unten (*piě*) und läuft in einen lang gezogenen Punkt bzw. Tropfenstrich (*diǎn*) aus: *piědiǎn*. Es folgt der von rechts oben nach links unten fallende Grundstrich (*piě*), schließlich der waagerechte Strich (*héng*).

nǚ – Frau

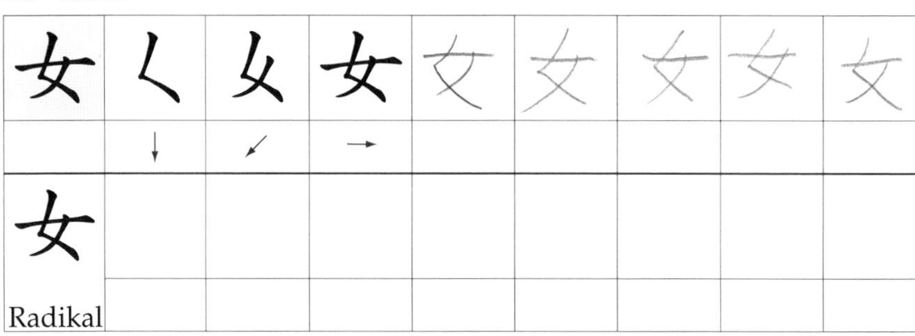

Das Schriftzeichen 且 *qiě* (außerdem) wird der 8. Regel entsprechend aufgebaut (vgl. **5.2**, Beispiel 日). Den beiden Strichen, die den Rahmen bilden, folgen zwei waagerechte Striche (*héng*) im Inneren, schließlich der waagerechte Schlussstrich (*héng*). Diese beiden Schriftzeichen bilden zusammengesetzt das Schriftzeichen 姐.

jiě - ältere Schwester

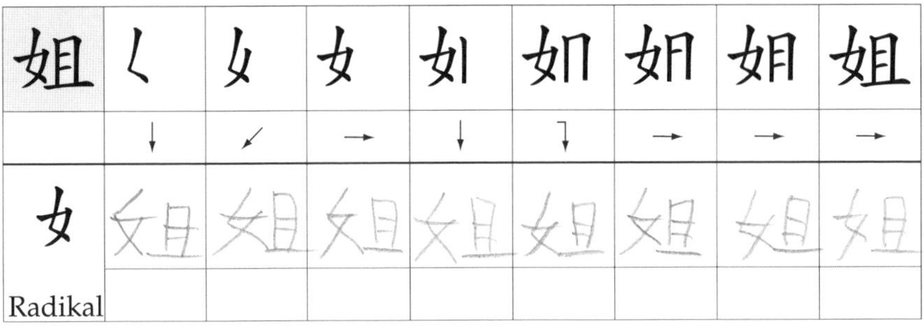

Schriftzeichen, die aus mehr Kompononten bestehen, zeigen sämtlich eine vertikale und/oder horiontale Anordnung. Das Schriftzeichen 室 besteht aus drei vertikal angeordneten Komponenten, die jeweils ein Drittel des Quadrats einnehmen. Im oberen Drittel folgt links unter dem Punkt (*diǎn*) ein weiterer Punkt, dann rechts daneben ein waagerecht von links nach rechts verlaufender Strich, der mit einem Haken endet (*hénggōu*). Im mittleren Drittel folgt unter dem waagerechten Strich (héng) ein geknickter Strich (*piězhé*), dann ein Punkt (*diǎn*). Im unteren Drittel ist der Bestandteil 土 zu erkennen, dessen Strichfolge bereits vorgestellt wurde: waagerechter Strich (*héng*), senkrechter Strich (*shù*), waagerechter Schlussstrich (*héng*) (vgl. **5.2**, Regel 6).

shì – Raum

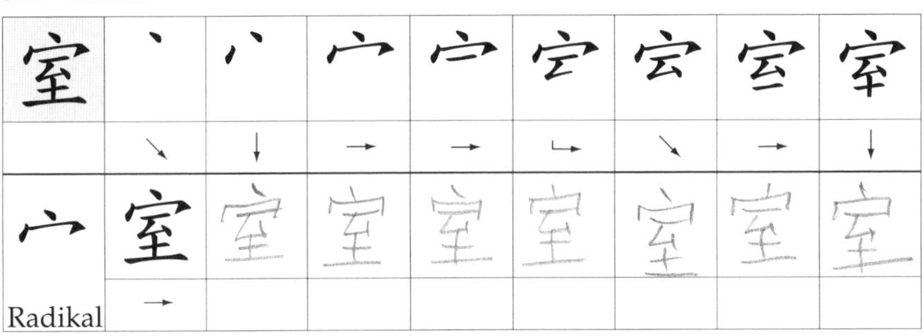

Die vertikale Anordnung der einzelnen Komponenten in einem Schriftzeichen (Aufbau des Schriftzeichens von oben nach unten) kann auch folgenden Schemata folgen:

- 品 Der obere Bestandteil nimmt mittig die obere Hälfte des Schriftzeichens ein. Die beiden unteren Bestandteile stehen nebeneinander (Abfolge von links nach rechts).

- 努 Hier besteht die obere Hälfte des Schriftzeichens aus zwei nebeneinander angeordneten Komponenten (Abfolge von links nach rechts). Die dritte Komponente nimmt mittig die untere Hälfte im Schriftzeichen ein.

- Bei horizontaler Anordnung werden die einzelnen Bestandteile entsprechend von links nach rechts angeordnet: 哪, 街 .

- Diese Beispiele sollen Ihnen einen ersten Eindruck von den Prinzipien vermitteln, nach denen die einzelnen Komponenten in einem Schriftzeichen graphisch angeordnet sind. Eine vollständige Liste der rund 50 Strukturen finden Sie im Nachschlagewerk *Modernes chinesisches Schreib- und Zeichenlexikon* (Buske 2010).

Eine weitere Lernhilfe beim Einprägen von Schriftzeichen bieten die Radikale, mit deren Hilfe Schriftzeichen nachgeschlagen werden, deren Aussprache man nicht kennt (vgl. **4.7**). In gedruckten Wörterbüchern Schriftzeichen nachzuschlagen, erscheint heute beinahe anachronistisch. Schließlich bieten elektronische Wörterbücher viel mehr Funktionen als das traditionelle Lexikon. Wörterbuch-Apps für Smartphones und Tablets erkennen bereits auf dem Display von Hand geschriebene Schriftzeichen. So entfallen die einzelnen Schritte, die zum traditionellen Nachschlagen gehören: das Bestimmen des Radikals und der Anzahl der Zusatzstriche, die Suche im Schriftzeichenindex, schließlich das Aufschlagen der entsprechenden Seite im Wörterbuchteil. Wer grundlegende Schreib- und Lesekenntnisse erwerben möchte, sollte sich trotz dieser nützlichen Hilfsmittel die Mühe machen, sich die Nachschlagetechnik mit Hilfe der Radikale anzueignen.
Lernen Sie zunächst häufig auftretende Radikale auswendig, die Ihnen im Grundwortschatz immer wieder begegnen. Als Beispiel soll das Schriftzeichen 土 dienen, welches Sie in Abschnitt **5.2** kennengelernt haben.
In der Tabelle der 214 Radikale im Anhang, die auf den traditionellen Formen (Langzeichen) beruht, finden Sie dieses Schriftzeichen unter der Radikalnummer 32. Neben der Aussprache in Pinyin (*tǔ*) ist ein Bedeutungshinweis angegeben: Erde. Das soll nur als pragmatische Merkhilfe dienen. Wenn Sie das Schriftzeichen etwa im *Chinesisch-Deutschen Wörterbuch* von Rüdenberg und Stange nachschlagen, finden Sie dort eine ganze Reihe von Wörtern: Erde, Erdgötter, Erdboden, Lehm, Ton, Opium, Staub, Land, Gebiet, örtlich, beheimatet sein, einheimisch, Ureinwohner, Aborigines, Barbaren, unkultiviert, roh usw.

Die Entstehungszeit des Textes (Altchinesisch, Mittelchinesisch, Neuchinesisch, Hochchinesisch) und der Kontext, also der Wort- wie der Textzusammenhang, können erst Auskunft darüber geben, welches deutsche Wort jeweils das passende ist.
Im Grundwortschatz werden Sie eine ganze Reihe von Schriftzeichen erlernen, die 土 als Radikal enthalten, etwa 地. 在, 坐. Sie sehen, dass das Radikal im Schriftzeichen unterschiedliche Positionen einnehmen kann und dass der unterste Strich des Radikals steiler verläuft, wenn 土 sich in einem Schriftzeichen an linker Position befindet. Solche Unterschiede finden Sie in der Radikaltabelle in der Spalte Varianten.
Im Anhang finden Sie eine zweite Radikaltabelle mit 201 durchnummerierten Radikalen, die auf einem vereinfachten, in der Volksrepublik China verwendeten Radikalsystem basiert. Seit ihrer Einführung hat sich trotz staatlicher Vorgaben bislang keine einheitliche Radikaltabelle für die verkürzte Schreibung herausgebildet. Unterschiedliche Lehrbücher und Lexika verwenden unterschiedliche Systeme.
Die Ziffern in der rechten Spalte dieser zweiten Tabelle verweisen jeweils auf die entspechende Radikalnummer im traditionellen System. Das Radikal 土 finden Sie in dieser Tabelle unter der Nummer 29. Die Ziffer 32 in der rechten Spalte verweist also auf die Radikalnummer 32 in der Tabelle nach dem traditionellen System mit 214 Radikalen.
Eine ganze Reihe von Radikalen ist in den beiden Tabellen mit einem Asterisk (*) versehen. Diese Radikale sind keine eigenständigen Schriftzeichen mehr bzw. waren es nie. Sie sind nur noch schriftgeschichtlich interessant. In den traditionellen chinesischen Lexika werden ihnen bestimmte Wörter zugeordnet (etwa Radikal 22 匚 : Kasten, Korb), die im heutigen Chinesisch als Merkhilfe mehr oder weniger einleuchtend sind. Nutzen Sie solche Merkhilfen ganz pragmatisch als Eselsbrücken. Je phantasievoller Sie für sich die einzelnen Bestandteile eines Schriftzeichens deuten, desto leichter prägen Sie sich das vollständige Schriftzeichen ein.
Eine Sondergruppe stellen die unter den Nummern 1 bis 6 angeführten Radikale in der Tabelle mit dem 214er System dar. Nur zwei davon, die Radikale Nr. 1 und 5, sind eigenständige Schriftzeichen. Die übrigen sind Grundstriche bzw. die Variante eines solchen (vgl. **5.1**). In der Liste mit dem vereinfachten System machen die Radikale 1 bis 5 diese Sondergruppe aus. Beim Nachschlagen in Wörterbüchern werden Sie sehen, dass die Schriftzeichen, die unter einem Radikal nach Strichzahl geordnet sind, in der jeweiligen Strichzahl-Gruppe nach der Strichrichtung ihres ersten Striches systematisiert werden. Nehmen Sie als Beispiel das Schriftzeichen 一. Die Schriftzeichen mit diesem Radikal,

die zwei Zusatzstriche enthalten, folgen so aufeinander: zunächst die Schriftzeichen, deren erster Zusatzstrich ein waagerechter ist, wie 三, dann die Schriftzeichen, die als ersten oder zweiten Zusatzstrich einen senkrechten Strich enthalten, wie 千, usw. Diese Anordnung ist vor allem dann hilfreich, wenn einem Radikal viele Schriftzeichen mit gleicher Strichzahl zugeordnet sind. Mit ein wenig Übung finden Sie viel rascher das gesuchte Schriftzeichen.

Ein weiteres Merkmal der chinesischen Schrift wird sich Ihnen als Lernhilfe erschließen, sobald Sie die ersten Unterrichtslektionen hinter sich haben. Sie werden erkennen, dass manche zusammengesetzte Schriftzeichen nicht nur wiederkehrende graphische Elemente enthalten, sondern auch solche, die einen Hinweis auf die Aussprache geben. Das galt im Altchinesischen für die überwiegende Mehrheit der Schriftzeichen, doch im Laufe der Jahrhunderte veränderte sich die gesprochene Sprache, so dass viele lauthinweisende Elemente in der heutigen Aussprache nicht mehr als solche zu erkennen sind (vgl. **4.3**).

Die folgenden Schriftzeichen enthalten alle das lautanzeigende Element (Phoneticum) 巴 *bā*. Als eigenständiges Schriftzeichen dient es heute nur noch für die Wiedergabe von ausländischen Personen- und Ortsnamen. Ein zweites Element weist jeweils in ungefährer Weise auf die Bedeutung hin (Significum):

	Aussprache	Phoneticum	Significum
爸	bà	bā	父 (Vater)
吧	bā	bā	口 (Mund)
把	bǎ	bā	手 (Hand)
爬	pá	bā	爪 (Klaue)

Das erste Schriftzeichen entspricht im Deutschen dem Wort Vater. Das zweite stand ursprünglich für stumm, wurde dann für die Schreibung einer modalen Satzartikel verwendet. Das dritte entspricht dem Verb ergreifen, wird u.a. als Zählwort für Dinge, die man greifen kann, benutzt. Das vierte Schriftzeichen steht für klettern.

Ein weiteres Beispiel für eine phonetische Serie: 青 *qīng* (dunkel).

	Aussprache	Phoneticum	Significum
清	qīng	qīng	水 (Wasser)
情	qíng	qīng	心 (Herz)

請, 请	qǐng	qīng	言 (reden)
精	jīng	qīng	米 (Reis)

Die wichtigsten Bedeutungen dieser Schriftzeichen sind: 清 = klar, 情 = Gefühl, 請 / 请 = jn bitten, 精 = Seele, Wesen.

Der mnemotechnische Wert der Phonetica und Significa ist auf den ersten Blick zu erkennen. Auch wenn manche Übereinstimmungen lautgeschichtlich ganz andere Hintergründe haben, sollten Sie die lautanzeigenden Elemente ganz pragmatisch als Lernhilfen nutzen.

Viel Erfolg!

6 Literaturverzeichnis

Boltz, William G.: *The Origin and Early Development of the Chinese Writing System*. New Haven: American Oriental Society 1994.

Chao, Jung-lang; Sabban, Annette: *Chinesisch für Deutsche. Einführung in die chinesische Umgangssprache*. Hamburg: Buske. 5., durchgesehene Auflage 1986.

Chen Abao 陈阿宝 (Hrsg.): *Xiandai Hanyu gailun* 现代汉语概论. Beijing: Yuyan Daxue Chubanshe. 3. Aufl. 2005

Cui Yonghua 崔永华, Yang Jizhou 杨寄洲 (Hrsg.): *Hanyu ketang jiaoxue jiqiao* 汉语课堂教学技巧. Beijing: Yuyan Daxue Chubanshe. 3. Aufl. 2005.

De Francis, John: *The Chinese Language: Fact and Fantasy*. Honolulu: University of Hawaii Press 1986. (Deutsche Übersetzung: *Die chinesische Sprache. Fakten und Mythen*. Übersetzt von Stephan Puhl. Sankt Augustin: Institut Monumenta Serica 2011.

Debon, Günther: *Herbstlich helles Leuchten überm See. Chinesische Gedichte aus der Tang-Zeit*. München, Zürich: Piper 1989.

Friedrich, Michael: „Chiffren oder Hieroglyphen? Die chinesische Schrift im Abendland", in: *Hieroglyphen. Stationen einer anderen abendländischen Grammatologie*. Hrsg. von Aleida und Jan Assmann. München: Fink 2003, S. 89 – 116.

Fuchsenberger, Wilfried: *Chinesisch-deutsches Universalwörterbuch. Han-De da cidian*. 汉德大词典. Beijing: Waiwen Chubanshe 2001.

Gassmann, Robert H.; Behr, Wolfgang: „Genealogie, Phonologie und Morphologie des Antikchinesischen", in: dies.: *Antikchinesisch – Ein Lehrbuch in drei Teilen*. Bern u.a.: Peter Lang. 2. Überarb. und erw. Aufl. 2005, Bd. 3, S. 387 – 445.

Guder, Andreas: *Sinographemdidaktik: Aspekte einer systematischen Vermittlung der chinesischen Schrift im Unterricht Chinesisch als Fremdsprache, mit einer Komponentenanalyse der häufigsten 3867 Schriftzeichen*. Unveränd. Nachdruck der ersten Auflage. Tübingen: Groos 2009.

Kaden, Klaus: *Die wichtigsten Transkriptionssysteme für die chinesische Sprache. Eine Einführung zum Selbststudium*. Leipzig 1975.

Kangxi zidian (Jiaozheng) 康熙字典(校正). Taibei: Yiwen Yinshuguan. 2 Bde. 1973.

Karlgren, Bernhard: *Schrift und Sprache der Chinesen*. Übersetzt u. bearbeitet von Ulrich Klodt. Berlin, Heidelberg, New York: Springer-Verlag 1975.

Klimaschewski, Thomas: *Praktisches Schreibübungsbuch Chinesisch*. Stuttgart: Schmetterling Verlag 2008.

Lehrbuch der chinesischen Sprache. Hanyu jiaokeshu 汉语教科书. *Beijing*: Shidai Chubanshe 1959, Bd. 1.

Li Tai-Bo: *Rausch und Unsterblichkeit*. Ausgewählt und mit einer Einleitung versehen von Günther Debon. München: Desch 1958.

Liu Guanghui 刘广徽 (Hrsg.): *Hanyu putonghua yuyin jiaocheng* 汉语普通话语音教程. Beijing: Beijing Yuyan Daxue Chunbanshe. 2. Aufl. 2005.

Liu Guozhong 刘国忠: *Gudai boshu* 古代帛书. Beijing: Wenwu Chubanshe 2004.

Liu Yanmei 柳燕梅 (Hrsg.): *Hanzi sucheng keben* 汉字速成课本. *Easy way to learn Chinese Characters*. Übers. Von Liu Linjun 刘林军. Beijing: Yuyan Daxue Chubanshe. 2. Aufl. 2003.

Martin, Helmut: *Chinesische Sprachplanung*. Bochum: Brockmeyer 1982.

Modernes chinesisches Zeichenlexikon. Ins Dt. übertragen von Christine Berg. Hamburg: Buske 2010.

Das neue Chinesisch-deutsche Wörterbuch. Xin Han-De cidian 新汉德词典. Beijing: Shangwu Yinshuguan 1985.

Peiwen yunfu 佩文韻府. Shanghai: Guji Chubanshe. 4 Bde. 1983.

Praktisches Chinesisch. Shiyong Hanyu keben 实用汉语课本. Beijing: Kommerzieller Verlag 1997, Bd. 1.

Rüdenberg, Werner; Stange, Hans O. (Bearb.): *Chinesisches-Deutsches Wörterbuch. Hua-De cidian*. 華德辭典. 3. erw. Aufl. Hamburg: Cram, de Gruyter 1963

Schindelin, Cornelia: *Zur Phonetizität chinesischer Schriftzeichen in der Didaktik des Chinesischen als Fremdsprache. Eine synchronische Phonetizitätsanalyse von 6.535 in der Volksrepublik China gebräuchlichen Zeichen*. München: Iudicium 2007.

Shuowen jiezi zhu 說文解字注. Shanghai: Guji Chubanshe 1981.

Stahlmann, Rainer: *Han Trainer Pro.* Chinesisch-Vokabeltrainer für Anfänger und Fortgeschrittene. Hamburg: Buske 2009.

Stoppok, Rainer: *Pinyin-Schreibung. Rechtschreibung der amtlichen chinesischen Lautschrift. Regeln und Beispiele*. Berlin: Europäischer Universitätsverlag 2004.

Unger, Ulrich: „Aspekte der Schrifterfindung – Das Beispiel China", in: Unger, Ulrich: *Kleine Schriften*. Hrsg. von Hans Stumpfeldt und Martin Hanke. Gossenberg: Ostasien Verlag, 2009, S. 31 – 52.

Unger, Ulrich: *Einführung in das Klassische Chinesisch*. 2 Bde. Wiesbaden: Harrassowitz 1985.

Xiandai Hanyu Cidian. Beijing: Shangwu Yinshuguan. 1. Aufl. 1978; 4. Aufl. 2002; 5. Aufl. 2005.

Xiandai Hanyu Tongyongzi Bishun Guifan 现代汉语通用字笔顺规范. Beijing: Yuwen Chubanshe. 6. Aufl. 2000.

Xinhua xiezi zidian. 新华写字字典. Beijing: Shangwu Yinshuguan 2001. (Deutsche Übersetzung siehe *Modernes chinesisches Schreib- und Zeichenlexikon*)

7 Tabellenverzeichnis

8 Glossar chinesischer Fachbegriffe

Pinyin	Langzeichen	Kurzzeichen
bùshǒu	部首	
cǎoshū	草書	草书
dàzhuàn	大篆	
diǎn	點	点
fántǐzì	繁體字	繁体字
guānhuà	官話	官话
guóyǔ	國語	国语
Hànyǔ	漢語	汉语
Hànyǔ pīnyīn	漢語拼音	汉语拼音
Hànyǔ Shuǐpíng Kǎoshì	漢語水平考試	汉语水平考试
héng	橫	横
hénggōu	橫鉤	横钩
héngpiě	橫撇	横撇
héngpiěwān	橫撇彎	横撇弯
héngpiěwāngōu	橫撇彎鉤	横撇弯钩
héngzhé	橫折	横折
héngzhégōu	橫折鉤	横折钩
héngzhétí	橫折提	横折提
héngzhéwān	橫折彎	横折弯
héngzhéwāngōu	橫折彎鉤	横折弯钩
héngzhéxiégōu	橫折斜鉤	横折斜钩
héngzhézhé	橫折折	横折折
héngzhézhégōu	橫折折鉤	横折折钩
héngzhézhépiě	橫折折撇	横折折撇
héngzhézhézhé	橫折折折	横折折折
Huáyǔ	華語	华语
huìyì	會意	会意
jiǎgǔwén	甲骨文	甲骨文
jiǎjiè	假借	
jiǎntǐzì	簡體字	简体字
kǎishū	楷書	楷书
lìshū	隸書	隶书
liùshū	六書	六书

liùtĭ	六體	六体
nà	捺	
piĕ	撇	
piĕdiăn	撇點	撇点
piĕzhé	撇折	
pŭtōnghuà	普通話	普通话
shù	豎	竖
shùgōu	豎鉤	竖钩
shùtí	豎提	竖提
shùwān	豎彎	竖弯
shùwāngōu	豎彎鉤	竖弯钩
shùzhé	豎折	竖折
shùzhépiĕ	豎折撇	竖折撇
shùzhézhé	豎折折	竖折折
shùzhézhégōu	豎折折鉤	竖折折钩
tí	提	
wāngōu	彎鉤	弯钩
wògōu	臥鉤	卧钩
xiàngxíng	象形	
xiăozhuàn	小篆	
xiégōu	斜鉤	
xiéshēng	諧聲	谐声
xíngshū	行書	行书
zhĭshì	指事	
zhùyīn fúhào	注音符號	注音符号
zhùyīn zìmŭ	注音字母	
zhuănzhù	轉注	转注

9 Radikaltabellen

9.1 Tabelle der 214 Radikale

Die Auswahl jeweils eines Begriffs für die Spalte „Bedeutungshinweis" beruht auf didaktischen Überlegungen. Akademische Diskussionen über die ursprüngliche Bedeutung einzelner Radikale wurden hier außer Acht gelassen. Radikale, die keine eigenständigen Schriftzeichen (mehr) sind, sind mit Asterisk gekennzeichnet.

Nr.	Zeichen	Variante(n)	Pinyin	Bedeutungshinweis
1 Strich				
1	一		yī [héng]	eins [waagerechter Strich]
2*	丨		[shù]	[senkrechter Strich]
3*	丶		[diǎn]	[Punkt]
4*	丿		[piě]	[nach links fallender Strich]
5	乙		yǐ	eins
6*	亅		[shùgōu]	[Abstrich mit Haken]
2 Striche				
7	二		èr	zwei
8*	亠		tóu	oben
9	人	亻	rén	Mensch
10*	儿		ér	gehender Mensch
11	入		rù	eintreten

12	八		bā	acht
13*	冂		jiōng	(früher: Grenzland)
14*	冖		mì	bedecken
15*	冫		bīng	Eis
16	几		jī	Tischchen
17*	凵		kǎn	Behältnis
18	刀	刂	dāo	Messer
19	力		lì	Kraft
20*	勹		bāo	einwickeln
21	匕		bǐ	Löffel
22*	匚		fāng	Kasten
23*	匸		xì	verbergen
24	十		shí	zehn
25	卜		bǔ	Orakel
26*	卩	⺋	jié	Siegel
27*	厂		hàn	Felshang
28*	厶		sī	selbstsüchtig
29	又		yòu	ferner
3 Striche				
30	口		kǒu	Mund

31*	囗		wéi	Einfassung
32	土	圵	tǔ	Erde
33	士		shì	Gebildeter
34*	夂		zhì	folgen
35*	夊		suī	langsam gehen
36	夕		xī	Abend
37	大		dà	groß
38	女		nǚ	Frau
39	子		zǐ	Kind
40*	宀		mián	Dach
41	寸		cùn	Zoll (Längenmaß)
42	小		xiǎo	klein
43*	尢	尣 兀	wāng	lahm
44	尸		shī	Leichnam
45*	屮		chè	Spross
46	山		shān	Berg
47*	巛	川	chuān	Fluss
48	工		gōng	Arbeit
49	己		jǐ	selbst
50	巾		jīn	Kopftuch

51	干		gān	Schild
52	幺		yāo	winzig
53*	广		yǎn	Schrägdach
54*	廴		yǐn	vorwärts gehen
55*	廾		gǒng	Hände zusammenlegen
56	弋		yì	Schnurpfeil
57	弓		gōng	Bogen
58*	彐	彑	jì	Schweinskopf
59*	彡		shān	lange Haare
60	彳		chì	Schritt
		4 Striche		
61	心	⺗ 忄	xīn	Herz
62	戈		gē	Speer
63	戶	户	hù	Tür
64	手	扌	shǒu	Hand
65	支		zhī	Zweig
66*	攴	攵	pǔ	schlagen
67	文		wén	Literatur
68	斗		dǒu	Scheffel (Hohlmaß)
69	斤		jīn	Axt

70	方		fāng	Viereck
71	无		wú	nicht (haben)
72	日		rì	Sonne
73	曰		yuē	sagen
74	月		yuè	Mond
75	木		mù	Baum
76	欠		qiàn	mangeln
77	止		zhǐ	halt machen
78	歹	歺	dǎi	böse
79	殳		shū	Lanzenschaft
80	毋		wú	nicht (sollen)
81	比		bǐ	vergleichen
82	毛		máo	Haar
83	氏		shì	Familie
84*	气		qì	Atem
85	水	氵	shuǐ	Wasser
86	火	灬	huǒ	Feuer
87	爪	爫 ⺥	zhǎo	Klaue
88	父		fù	Vater
89	爻		yáo	vermengen

90*	爿		qiáng	Rahmen
91	片		piàn	Stück (eines Ganzen)
92	牙		yá	Zahn
93	牛	牜	niú	Wasserbüffel
94	犬	犭	quăn	Hund
		5 Striche		
95	玄		xuán	dunkel
96	玉	王	yù	Jade
97	瓜		guā	Melone
98	瓦		wă	Ziegel
99	甘		gān	süß
100	生		shēng	leben
101	用		yòng	gebrauchen
102	田		tián	Ackerfeld
103	疋		pĭ	Stoffrolle
104*	疒		nì	Krankheit
105*	癶		bō	Rücken an Rücken
106	白		bái	weiß
107	皮		pí	Haut
108	皿		mĭn	Schüssel

109	目	罒	mù	Auge
110	矛		máo	Hellebarde
111	矢		shǐ	Pfeil
112	石		shí	Stein
113	示	⺬ 礻	shì	zeigen
114*	禸		róu	Fußspur
115	禾		hé	Getreide
116	穴	⺳	xuè	Höhle
117	立		lì	stehen
		6 Striche		
118	竹	⺮	zhú	Bambus
119	米		mǐ	Reis
120*	糸	纟 糹 糸 糹	mì / sī	Seide
121	缶		fǒu	Tongefäß
122*	网	罒 罓 ⺳	wǎng	Netz
123	羊		yáng	Schaf
124	羽		yǔ	Feder
125	老	耂	lǎo	alt
126	而		ér	und
127	耒		lěi	Pflug

128	耳		ěr	Ohr
129	聿		yù	Pinsel
130	肉	月 ⺼	ròu	Fleisch
131	臣		chén	Beamter
132	自		zì	selbst
133	至		zhì	ankommen
134	臼		jiù	Mörser
135	舌		shé	Zunge
136	舛		chuǎn	gegensätzlich
137	舟		zhōu	Schiff
138	艮		gèn	Grenze
139	色		sè	Farbe
140	艸	艹 ⺿	cǎo	Gras
141*	虍		hǔ	Tiger
142*	虫		chóng	Wurm
143	血		xuè	Blut
144	行		xíng	gehen
145	衣	衤	yī	Kleid
146	襾	西 覀	xià	bedecken

7 Striche				
147	見		jiàn	sehen
148	角		jiǎo; jué	Horn
149	言		yán	reden
150	谷		gǔ	Tal
151	豆		dòu	Bohne
152	豕		shǐ	Schwein
153	豸		zhì	Reptil
154	貝		bèi	Kaurimuschel
155	赤		chì	rot
156	走		zǒu	weggehen
157	足	⻊	zú	Fuß
158	身		shēn	Körper
159	車		chē	Wagen
160	辛		xīn	bitter
161	辰		chén	Morgen
162*	辵	⻌ ⻍	zhuò	gehen
163	邑	阝	yì	Stadt
164	酉		yǒu	Wein
165*	釆		biàn	trennen

166	里		lǐ	Meile
		8 Striche		
167	金		jīn	Metall
168	長	镸	cháng	lang
169	門		mén	Tor
170	阜	阝	fù	Hügel
171*	隶		dài	erreichen
172	隹		zhuī	Vogel (mit kurzem Schwanz)
173	雨	雨 ⻗	yǔ	Regen
174	青		qīng	dunkel
175	非		fēi	nicht
		9 Striche		
176	面		miàn	Gesicht
177	革		gé	Rohleder
178	韋		wěi	Lederriemen
179	韭		jiǔ	Lauch
180	音		yīn	Klang
181	頁		yè	Buchseite
182	風		fēng	Wind
183	飛		fēi	fliegen

184	食	shí	essen
185	首	shǒu	Kopf
186	香	xiāng	Duft
	10 Striche		
187	馬	mǎ	Pferd
188	骨	gǔ	Knochen
189	高	gāo	hoch
190*	髟	biāo	Haare
191	鬥	dòu	streiten
192	鬯	chàng	Opferwein
193	鬲	lì	Opfergefäß
194	鬼	guǐ	Dämon
	11 Striche		
195	魚	yú	Fisch
196	鳥	niǎo	Vogel (mit langem Schwanz)
197	鹵	lǔ	Salz
198	鹿	lù	Hirsch
199	麥	mài	Grannengetreide
200	麻	má	Hanf

		12 Striche	
201	黃	huáng	gelb
202	黍	shǔ	Hirse
203	黑	hēi	schwarz
204	黹	zhǐ	sticken
		13 Striche	
205	黽	mǐn	Frosch
206	鼎	dǐng	Dreifuß
207	鼓	gǔ	Trommel
208	鼠	shǔ	Ratte
		14 Striche	
209	鼻	bí	Nase
210	齊	qí	gleichmäßig
		15 Striche	
211	齒	chǐ	Vorderzähne
		16 Striche	
212	龍	lóng	Drache
213	龜	guī	Schildkröte
		17 Striche	
214	龠	yuè	Flöte

9.2 Tabelle mit 201 Radikalen

(vereinfachtes Radikalsystem, Volksrepublik China)

1 Strich		
1	一	1
2*	丨	2
3*	丿	4
4*	丶	3
5	乛(乙乚乁)	5
2 Striche		
6	十	24
7	厂	27
8*	匚	22/23
9	卜	25
10*	冂	13
11	八(丷)	12
12	人(入亻)	9/11
13*	勹	20
14	儿	10
15	匕	21
16	几	16
17*	亠	8
18*	冫	15
19*	冖	14
20*	凵	17
21*	卩(㔾)	26
22	刀(刂)	18
23	力	19
24	又	29
25*	厶	28
26*	廴	54
3 Striche		
27	干	51
28	工	48
29	土(士)	32/33
30*	艹	140
31	寸	41

32*	廾	55
33	大	37
34	尢 (兀尣)	43
35	弋	56
36	小	42
37	口	30
38*	囗	31
39	山	46
40	巾	50
41*	彳	60
42*	彡	59
43	夕	36
44*	夂	34
45	丬* (爿)	90
46	广	53
47	门	169
48*	宀	40
49*	辶	162
50*	彐 (彑)	58

51	尸	44
52	己 (已巳)	49
53	弓	57
54	子	39
55*	屮	45
56	女	38
57	飞	183
58	马	187
59	幺	52
60	巛* (川)	47
	4 Striche	
61	王 (玉)	96
62	无 (旡)*	71
63	韦	178
64	木 (朩)	75
65	支	65
66	犬 (犭)	94
67	歹 (歺)	78
68	车	159

69	牙	92
70	戈	62
71	比	81
72	瓦	98
73	止	77
74*	攴 (攵)	66
75	日 (曰)	72/73
76	贝	154
77	水 (氺氵)	85
78	见	147
79	牛 (牜)	93
80	手 (扌)	64
81	气	84
82	毛	82
83	长 (镸)	168
84	片	91
85	斤	69
86	爪 (爫)	87
87	父	88
88	月	74
89	氏	83
90	欠	76
91	风	182
92	殳	79
93	文	67
94	方	70
95	火(灬)	86
96	斗	68
97	户	63
98	心 (忄㣺)	61
99	毋 (母)	80

5 Striche

100	示 (礻)	113
101	甘	99
102	石	112
103	龙	212
104	业	
105	目	109
106	田 (甲申由)	102

107	罒 (四)	122
108	皿	108
109	生	100
110	矢	111
111	禾	115
112	白	106
113	瓜	97
114	鸟	196
115*	疒	104
116	立	117
117	穴	116
118	疋	103
119	皮	107
120*	癶	105
121	矛	110
6 Striche		
122	耒	127
123	老 (耂)	125
124	耳	128
125	臣	131

126	覀 (西)	146
127	而	126
128	页	181
129	至	133
130*	虍	141
131	虫	142
132	肉 (月)	130
133	缶	121
134	舌	135
135	竹 (⺮)	118
136	臼	134
137	自	132
138	血	143
139	舟	137
140	色	139
141	齐	210
142	衣 (衤)	145
143	羊	123
144	米	119

145	聿(⺺, ⺻)	129
146	艮	138
147	羽	124
148	糸(纟糹)	120
7 Striche		
149	麦	199
150	走	156
151	赤	155
152	豆	151
153	酉	164
154	辰	161
155	豕	152
156	卤	197
157	里	166
158	足	157
159	邑 (⻏ rechts)	163
160	身	158
161	釆	165
162	谷	150
163	豸	153
164	龟	213
165	角	148
166	言(讠訁)	149
167	辛	160
8 Striche		
168	青	174
169	卓	
170	雨	173
171	非	175
172	齿	211
173	黾	205
174	隹	172
175	阜 (⻖ links)	170
176	金(钅釒)	167
177	鱼	195
178	隶	171
9 Striche		
179	革	177

180	面	176
181	非	179
182	骨	188
183	香	186
184	鬼	194
185	食 (饣 飠)	184
186	音	180
187	首	185
10 Striche		
188*	髟	190
189	鬲	193
190	斗 (鬥)	191
191	高	189
11 Striche		
192	黄	201
193	麻	200
194	鹿	198
12 Striche		
195	鼎	206
196	黑	203
197	黍	202
13 Striche		
198	鼓	207
199	鼠	208
14 Striche		
200	鼻	209
17 Striche		
201	龠	214